JN119378

動作訓練の技術とこころ

障害のある人の生活に寄りそう
心理リハビリテイション

香野　毅 著
KONO TAKESHI

遠見書房

推薦の辞

鶴　光代

（東京福祉大学大学院心理学研究科教授）

　久しぶりに，「動作訓練」についての読み応えのある本が出版された。香野毅氏によって著わされた『動作訓練の技術とこころ』という表題のこの本には，氏が成瀬悟策先生の下で動作訓練に携わった学生時代以来の30年間に渡る実践とその論考が凝縮されている。つまり，本著の特徴は，全編を通じて，単なる解説書ではなく，氏の動作訓練経験に基づいた"自分なり"の技術と論考に依っていることである。

　前段の章では，動作訓練の理論および技術について，著者の経験を通した具体的な理論展開と技法上の工夫が著わされている。どこをとっても意義深い内容となっているが，例えば，「援助を減らす技術」の項では，「トレーナーが援助を減らしていくことは，トレーニーが自力で自律的に動作することと表裏一体を成している」とあり，大いに共感した。

　半ばの章では，「『発達障害』のある者への動作訓練」を行う時の「コツと配慮」が丁寧に述べられている。そして，自閉症スペクトラム（ASD）のある者，「ADHD」のある者，「LD」児のそれぞれへの動作訓練によるアプローチの仕方が，著者ならではの視点のもとで展開していて新鮮である。

　後段は，「動作訓練の進め方の実際」が載っているが，そこでは著者が実際に動作訓練を行っている様子が写真入りで解説されており

圧巻である。課題選択の理由や根拠，展開の判断理由，セッションのもち方，終わり方が，ライブ感満載で表されていて，香野氏の高度な手の内を観ている感がある。

　大学教員である氏が，動作訓練キャンプや訓練会，動作訓練講習会等の現場にて活発に活動し今回の出版に至ったのは，この先の動作訓練をどう展開し発展させていくかの自分への問い，そして我々読者への問いを根底に有していたからではないかと思う。本著は，各章・項の見出しからして，具体的でオリジナルである。全編を通じて分かりやすいので，興味深く読み進めることができる。是非一読をお勧めしたい。

まえがき

　成瀬悟策先生による「脳性マヒ者の心理学的リハビリテイション」という論文が出されたのが1967年，この頃を動作訓練のはじまりとするならば，すでに半世紀の歴史が経過している。

　私が動作訓練に初めて出会ったのが1990年，大学2年生のときであった。そこから約30年にわたり，障害児者を対象とする動作訓練の実践に取り組んできた。

　この間，諸先輩から教えを受けた時期を経て，今も一貫してトレーニー（クライエント）との実践を通して学びを得てきた。立場が変わり，指導者としてトレーナーや学生に教える側になり，保護者や地域と協働して実践を展開するなかで得た学びも多く，その経験知を蓄えてきた。この経験知の中核には，動作訓練の理論と技法がある程度のまとまりをもって存在している。

　ここ数年，自分なりの動作訓練の理論と技法論を持ちつつあるという実感がある。これは成瀬先生たちが構築されてきた理論や技法論と「異なる，新しい」という意味ではなく，自分の体験や実践を通してそれらを吟味検討し，自分の一部になっている，言葉になっているという意味での"自分なり"である。

　この自分なりはたいそうなものではなく，半世紀の歴史をかけて構築されてきた「動作法」の内側をウロウロして，見聞きしたものをまとめているに過ぎないのだと思う。ただもしかすると，この自分なりを書くことで，これまで十分に整理されてこなかったことに焦点をあてられる可能性もあるかもしれない。あるいはこれまでの体系化の歩みに，自分も加わることができるかもしれない。そう思うことで本を書くという動機を作ることにした。

　実践の場や人との関わりにおいては，さまざまな気づきがもたらされ，アイデアが沸き立つ。自分のなかにある不確かなものが言葉

5

に置きかわることもある。それを忘れないように，今の時点で，できるだけ書き残しておきたいという動機もある。

　本書は，動作訓練の理論と技法論を中心に，そこにまつわる実践方法や考え方について，自分というフィルターを通して，言語化，文章化したものである。そこではいくつかの試みを行っている。ひとつには事例報告ではなく，ある一回の実践の様子を記述するようにした。またいわゆる文献等の引用を行っていない。自分というフィルターを通して動作訓練を書くには，この方がベターと考えた。正直にいえば，先人たちの記述を引用すると自分の動作訓練が書けなくなると恐れた。

　さて本書は，動作訓練を学んでいる人に向けた打診のようなものである。「自分はいまこんな風に考えています」と打ってみた。何が返ってくるのか，返ってこないのか。できればやりとりにしていきたい。そのやりとりを通して，これからも学んでいければと願っている。

　鶴光代先生に推薦のお言葉をお願いしたところ快くお引き受けいただいた。この場を借りまして感謝申し上げます。先生とは2007年に心理リハの福島大会で対談をさせていただきました。あのときよりは語れるようになったのだろうか。

　最後になりますが，本書の編集を丁寧に進めていただきました遠見書房の駒形大介さんと出版をお引き受けくださいました同社の山内俊介さんに厚くお礼申し上げます。

香野　　毅

目　　　次

1. 動作訓練とは…13

2. 動作訓練の理論…17

3. 動作訓練の各論…36

3-1　姿勢についての理解…36

3-2　動作を理解する…44

3-3　リラクセーションを理解する…47

3-4　タテ系を理解する…52

9. 動作訓練の進め方の実際　その2…162

10. 動作訓練のこれからへ…210

動作訓練の技術とこころ

障害のある人の生活に寄りそう心理リハビリテイション

1. 動作訓練とは

「動作訓練」の定義

本書では「動作訓練」をタイトルとした。この領域では「動作法」「臨床動作法」「動作療法」といった名称があり，重なりや混乱があるので本書なりに「動作訓練」について整理しておく。

広さを基準に図式化すると「動作法 > 臨床動作法 > 動作訓練・動作療法」と位置づけることができるだろう。まずもっとも大きな括りとして「動作法」がある。そのなかに臨床・支援技法としての「臨床動作法」があり，その他に実験動作法や理論研究が含まれている。動作法というともっぱら援助技法としてイメージされるが，動作の仕組みを探求する実験研究などの要素を含んでいる。それらを含めて動作法と呼ぶ。動作法の中核となるのは臨床技法としての臨床動作法であり，この臨床動作法のなかには「動作療法」や「動作訓練」が含まれている。健康づくりを目指した健康動作法やスポーツ動作の改善を目指したスポーツ動作法もこの臨床動作法の括りのなかに並列的に含まれる。

動作訓練と動作療法

広く知られているのは動作訓練と動作療法であろうか。動作療法は「主に心理的不調や精神疾患を持っている者へ動作を用いて援助する心理療法」である。これに対して動作訓練は「障害や発達の課題を持っている者へ動作を用いて援助する技法の総称」である。このように定義したうえで，少し違いを対比してみたい。

動作訓練では対象を「障害を持つ者」，動作療法では対象を「心理

13

的不調や精神疾患を持つ者」とする。障害を持つ者とは，脳性まひなどの肢体不自由，自閉症スペクトラム（ASD），注意欠如・多動性障害（ADHD），知的障害などがその代表である。過去には「障害動作法」という名称が用いられたこともあった。これは動作療法との区別を明確にする目的で一時的に用いられたと思われる。いずれにしても動作訓練と動作療法の違いはその対象とするところにある。

　もうひとつ動作訓練と動作療法を区別して定義した。それは，動作療法は心理療法，動作訓練は技法の総称であるとした点である。動作療法はクライエントの心理的側面をその理解と支援の窓口とし，動作を用いて，心理療法を行うところに技法の特徴がある。一方，動作訓練は心理的側面，身体的側面，運動発達，生活面など理解と支援の窓口が複数におよぶ。これは動作療法の窓口が狭いという意味ではなく，心理療法としてはまず心理的側面を第一の窓口とするという意味であり，一方，動作訓練は特定の窓口を定めないという意味である。動作訓練でも心理的側面を扱うこともあるが，より物理的な意味での身体を扱うこともる。あるいは日常生活動作の改善のように生活面を主たる対象とすることもある。このように対象とする範囲が広いところが動作訓練と動作療法の違いといえるかもしれない。もちろん突き詰めていけばいずれもクライエントの福祉「よく生きる」の実現につながるよう援助していくことは同じであるが，そのための窓口を広げておく（動作訓練）か，定めておく（動作療法）かの違いである。

　このような対比を意識しつつ，本書では，「動作訓練とは，臨床動作法のうち障害を持つ者を対象として，動作を用いて援助する技法の総称」とする。

　障害のとらえ方
　ただ，注意が必要なのは，動作訓練が誕生した時代（1960年代）

と現在（2020年代）では「障害」のとらえ方が変わってきていることである。動作訓練は障害のある者を対象とするが，その障害のとらえ方が時代とともに変化してきた。これからも変わるに違いない。象徴的にはWHOによる障害の定義がICIDHからICFに変更され，別の言い方では医学モデルから社会モデルへとゆるやかな変化をみせてきた。例えば「脳性まひ」という障害名をとっても，以前は脳性まひをその人の能力やハンディキャップの根本としてとらえていたが，現在ではひとりの生活者の一特性として脳性まひがあると考える。障害そのものは変わっていないが，障害をとらえる視点の置き方や，個と環境や社会との関係のとらえ方は大きく変わった。

　加えて，近年の発達障害への注目は障害概念の変化を後押した。すでに障害の有無や診断名は，それがある者とない者との明確な区別を意味するものではなく，特徴の濃淡や生活上の困難さの強さを示すに過ぎない。スペクトラムという表現はそのことをシンボリックに示している。このスペクトラムという理解様式は，自閉症だけでなく肢体不自由にも適用可能で，オリンピアンのようなアスリートから平均的な運動機能を持つ人，いくらか制限のある人，自発運動が難しい重度身体障害者へと，つながりのある連続的なイメージをもたらす。

　このような障害のとらえ方の変化は，動作療法が対象とする心理的不調や精神疾患についても同様であり，いわゆる精神疾患等で用いる診断名もその輪郭はあいまいである。DSMのような診断基準が毎回改訂を繰り返していることはそのことを間接的に証明している。このような障害のとらえ方の変化に目を向けると，実は対象の違いをもって動作療法と動作訓練を区別することはあまり意味をなさなくなってきているのかもしれない。

　ただし確認しておきたいのは，このような「障害」概念の移り変わりは，動作訓練が対象とする「障害のある者」という定義とは不

適合しないということである。これについては後述するが，そもそも動作訓練は障害そのものを対象としてきたわけでなく，障害を持っている者を対象としてきた。障害概念の変化はむしろ動作訓練が従来的に持ってきた考えと一致するといえるだろう。

　本書では，動作訓練とは，障害を持つ者を対象とすると定義しているが，ここで用いている「障害」とはその時代，その時点の障害概念によって移り変わっていることはおさえておきたい。

心理リハビリテイションの二つの意味

　動作訓練はその中心に理論と技法を持っているが，同時にそれを活用する実践の場が整備されてきた。その実践の場や活動，プログラムを総称して心理リハビリテイションと呼ぶことがある。

　一方で，心理リハビリテイションとは，心理学に理論的基盤を持つリハビリテイションという領域を総称することを意図して作られた。これには動作訓練が登場した当時の時代状況が反映しており，医学や生理学を理論的基盤とするリハビリテイションと区別するために「心理」とつけられたと推察される。動作訓練は医学的なリハビリテイションと一線を画すという矜持があったとも伝え聞く。

　現在，心理学を理論的な基盤とする指導法，技法は数限りないが，実はこれらはすべて心理リハビリテイションのカテゴリーに位置づけることもできる。よく知られている行動療法やプレイセラピーなども含むことができる。心理リハビリテイションという呼び方が登場して50年経った現在，あらためてその当時の発想の壮大さと先見性に気づかされる。

　心理リハビリテイションという領域を作り上げ，広げていくことは，障害のある家族と当事者に希望と機会を与えることにつながる。幅広い領域からのリハビリテイションがあることの恩恵や意義があると考える。この領域の結果と経過のなかに，今，動作訓練は位置づいているといえる。

2. 動作訓練の理論

動作図式

　動作訓練の理論を理解することは，動作をどのように理解するかに始まる。よく知られているように動作図式「動作＝意図＋努力→身体運動」が動作訓練における動作の定義である。動作の意図を持ち，そうなるように努力してはじめて身体運動が実現する，あるいは主体が意図した身体運動を実現しようと努力する心的過程を動作とすると表現される。成瀬先生をはじめ諸先生たちから幾度となく，解説を聞き，自分の実感と重ね，自分でも講義等で解説するようになったいま，どのように自分が説いているのか，あらためて述べてみたい。

　動作は〈意図＋努力→身体運動〉という一連のまとまり図式ではあるが，それぞれに分けながら説明する。

意図

　意図はこころのベクトルである。ベクトルには方向性と強さが含まれている。日常語でいえば「あちらに行きたい」「あれに触れたい」という表現になる。意図で注目しておくべきは，意図がどこにあるかの位置である。

　通常，直接的に身体の動き（上の例でいえば，「歩こう，手を伸ばそう」）を意図することはまれである。むしろほとんどないといってもよい。例えばモノに触れることは，そのモノの操作や使用が直接的には意図されるのであって，肘を伸ばすや指先を広げるといった動きを直接的には意図していない。もっといえばモノの操作は書く

ためであったり，食べるためであったりするように，行動レベルで意図している。その行動も，メモを書いて用件を記録することや食べ物の味見をするために行われる。背中が痒くて，手でポリポリ掻くのは，かゆみを取り除くことが意図されていて，手の動きや身をよじることは意図されていない。このように意図は，目的や行動のなかに埋没していて，普段はほとんどその姿をとらえることはできない。これを意識下にある意図とする。まずこの点をおさえておく必要がある。

　ではこのような表面には出てこない意図が，無意識の領域に位置しているかといえばそうではない。なぜならばこの埋没した意図は，容易に取り出せるからである。無意識の領域のものがそう簡単に取り出せては，無意識と呼ぶ意味がなくなる。背中が痒くて掻くときに，その部位にうまく届かないことがある。そのときには手や肩の向きを調整することになるが，このときに動作の意図は顕在化する。肩やひじの動かし方，背中の向きを調節して，指先が痒いところにあたるよう強く意図する。このように身体の動きの意図はときに表舞台に登場させることもできる。

　このような例を他にもあげることは難しくない。成瀬先生は，よく「尾籠な話で恐縮ですが」と前置きを入れながら，排便や排尿を例に，その動作の意図や努力について解説をされていた。トイレに行ってその気になればさっと出るし，トイレ以外では漏れることもない。きっと適切な意図のもとにコントロールしているに違いないけど，常に意識に上らせているわけではない。しかし下痢していたり，漏れそうになったりしたときには，そのコントロールの意図が意識に上ってくる。そんな例で意図の位置を説明されていた。意図は自在にその位置を動くことができるし，動かせるようになったほうがよいのだろう。

努力

　努力は，まず一般的な意味での心身の頑張りという意味だけではない。より広範な意味で，意図の実現のためのプランや集中，調整過程を含んでいる。どのように身体を動かせば意図した動作が実現するのか，そこに向けた心的な活動を意味するものとして用いている。むろんそこに向けて懸命になるわけなので，いわゆる努力という意味も含まれている。

　意図したら，自動的に，あるいは勝手に身体運動につながっていくわけでなく，努力という過程をひとつ据えている点は，動作を理解するうえで重要である。この過程があることで肢体不自由者の持つ動かしづらさに「意図と身体運動の不一致」という理解がもたらされる。

　一方では，意図でも述べたことと同様に，努力が常に積極的，能動的なわけではない。身体の動きに制限や支障のないときの日常動作に強い努力感は必要としない。意図している動作の難易度が低く，すでに繰り返し実現してきた場合では，努力感はほとんどない。逆に言えば，身体の動きに制限や支障があったり，動作の難易度が高かったり，経験が少ない場合は努力感が高まる。新しいスポーツ技能の獲得や楽器の演奏の練習などを想像すればいいだろう。そしてこのような技能や演奏も繰り返し実現して身についていくことで努力感が薄れていく。

　課題によっては，意図が前面にあらわれ，努力感が高まっていく。それが実現し繰り返していくうちに次第に意図が前面から退き，努力感が薄れていく。このプロセスを踏まえておくことは，トレーニーの動作理解において欠かせない。

身体運動

　身体運動は意図＋努力という心理的活動の結果である。意図と努力の産物として，身体運動が生じる。あるいは身体運動が生じてい

るときには，そこにはすでに意図と努力の過程が働いているという表現でもよいだろう。一連の過程を，区切ってとらえることは難しい。動きながら意図や努力が生じ，意図や努力が身体運動を導いていく。はじまりと終わりは明確でないことがほとんどだろう。

　動作図式から読み取るべきことのひとつは，身体運動には意図，努力という心的活動が伴っているということである。「身体が動いているとき，そこには心も動いている」という平易な言い方でもよいのだろう。身体運動を単に物理的な現象としてのみとらえるのではなく，心的活動としてとらえる。これが動作図式の目指したところであり，動作訓練の根本理論といえるところである。

コラム

身体の動きを心理学でとらえる

　人の身体の動きについては，さまざまの立場からの理解と説明が可能である。生理学，整形医学，脳科学など参考になるところは少なくない。

　大学の講義で，動作図式を用いながら身体の動きについて話すとき，これは心理学の立場であると解説をする。動作図式にある意図や努力について説明していくことで，身体の動きが心理的な活動であることを伝えていく。少し異なる言い方をすれば，動作というとらえ方によって，身体の動きを心理学の対象とし，さらには臨床的アプローチの対象とまでなったと伝える。これは歴史的な大きな出来事だったのだとつけ加える。

　心理学というと認知や思考，行動，感情などがその対象と思っていた大学生にとって，身体の動きもまた心理学の対象であることは新鮮らしい。このような講義をするとき，いくらか誇らしい気持ちになる。あたかも自分がこの大きな出来事の一部にいるかのような

錯覚を持つからだろうか。

コラム
トレーナー，トレーニーという呼び方

　本書では，基本的にトレーナー，トレーニーの呼び方を用いる。セラピスト，クライエントという呼び方も同義ではあるが，動作訓練では従来からこの呼び方を用いてきた。スポーツライクな感じがして，個人的には気に入っている。動作訓練をするときはジャージなどのスポーツウェアに着替えるが，身が引き締まり，気分的にもスイッチが入る。動作訓練は，トレーナーにも効くのかもしれない。

理論から実践へ

　動作図式は，動作訓練における重要な理論であるわけだが，理論と実践は当然のことながら一体である。理論的な理解が深まることは実践の質を高める。あるいは理論を実践の場で再確認することもある。ここまでの動作図式の説明では，前面には出てこない意図や努力感のあまりない動作について説明した。日常はそのような動作がほとんどであり，そうでなくては日常が送れない。なぜなら生活で生じる動作をすべて意図し，努力をめぐらせていては，あっという間に心的なキャパを超えてしまうからだ。

　そのことを踏まえたうえで，動作訓練の実践の場面では，ある動作を課題にして，それを実現するよう意図させ，実現に向けた努力を行い，身体運動へと結実させていくようトレーニーに求めていく。そしてこの一連のプロセスをトレーナーは援助することになる。基本となるプロセスを解説すると次のようになる。

動作訓練の基本プロセス

①トレーナーが課題となる動作をトレーニーに伝達する。伝達の方法は，言語，非言語，直接，間接，あらゆる方法が用いられるが，代表的なのは，トレーニーの身体を他動的に動かして課題となる動作のイメージを伝える方法である。

②課題となる動作をイメージでおぼろげに受け取ったトレーニーは，受け取ったイメージをなぞるようにその動作を意図し，努力を始める。まだ実現していないこの段階では，トレーニーの動作のイメージはあいまいで探索的，確固としたものではない。

③トレーナーはトレーニーの動作状況をモニターし，必要に応じて修正や後押し，見守りといった援助を提供する。意図が伝わり，トレーニーの意図となっているか，努力の仕方は適切かがモニターの中心となる。モニターはトレーニーの動作状況に対して視覚的にも行うが，接している身体部位からも行う。

④トレーニーが実現している身体運動に対して，修正や後押し，見守りを，言語を補助的に用いながら，接触している身体部位への働きかけを通して行う。この働きかけは必要に応じて，量が調整されるが，基本的には徐々に減少していく。

⑤トレーナーはトレーニーの，トレーニーは自分の課題となった動作を評価し，①に戻っていく。必要があれば課題動作に微調整が加えられ，以降繰り返されていく。

動作訓練の展開

このように実践の場面では，動作図式「意図＋努力→身体運動」がトレーニーとトレーナーの共同によって，繰り広げられる。トレーニーとトレーナーもそこに集中して取り組むわけだが，訓練の進展に伴って，その意図や努力の仕方を変更していく。トレーニーは，細かく慎重に行っていた意図の持ち方や努力過程を次第にゆるやかにしていく。

　例えば，肩を上下に動かす課題に取り組むにあたって，最初は力の入れ方，左右の均衡，ひじや手先，背中や腰といった関連部位の緊張や動きにまで注意を張り巡らし，制御しようと努力していた段階から，次第にこのような努力感をなくして，強く意識しなくても制御が可能になっていくことを目指す。そうなると肩だけがスッと思うように動かせるようになっていく。ロシアの有名な運動学者であるベルンシュタインはこれを「自動化」と呼んでいる。彼によれば，より土台となるような下位層の運動（例えば姿勢保持）は，次第に意識されなくなり，一方でより上位層の動き（例えばモノの操作）に意識が分配されやすくなるという。

　先に述べたように日常生活ではすべての動作を管理してはいられない。その場その時の目的に最も近い，より上位層の動作だけに集中できるように，それを支えている下位層の動作についてはあまり意図，努力を分配せずにすむほうが都合がよい。動作訓練では，一般的な課題として座位姿勢の安定のための腰の動きや，左右の重心移動などを取り上げる。これらは座位の安定に重要ではあるけれども，日常生活においてはそれそのものを意識してはいられない動作である。

　このように考えると動作訓練の目指すところは，ある課題となる動作をあまり意図や努力だと頑張らなくても，自動化して実現していることになる。「できた」「できるようになった」から，あまり注意を払わなくてもできるようになっている，「身につく」までが目標である。例えば自転車に乗れるようになった子どもを想像してもらえばわかりやすいだろうか。

　AくんとBくん

　Aくんは高校生で，小学校低学年から毎月の動作訓練の会に，ほぼ皆勤で通っている。真面目なAくんは一緒にいるこちらまで誇らしい気分にさせてくれるトレーニーである。両下肢のまひがあり尖

足気味の歩行が特徴的である。その日のコンディションにもよるが，立位で静止するとわずかに両かかとが地面から浮いている。

　親子訓練やトレーナーとの訓練では多くの課題に取り組むが，毎回行うのは，仰臥位や座位での足首のゆるめ，あぐらや立位での前屈や側臥位でのねじり動作を用いた腰や股関節まわりのゆるめ，立位での重心移動と主に前への踏みしめといった課題である。訓練開始時には，立位ではかかとが浮いて足裏全体では踏みしめにくいが，ひと通りの課題を行っていくと，ペタリと足裏が地に着き，前後左右の重心移動，それに伴う踏みしめが出てくる。そのまま歩行に移っても，かかとから足先になめらかに着地し，重心が前に抜けていく。セッションのなかで上達を実感できる訓練になることが多い。

　ところが休憩，あるいはセッション終了となって片づけや帰り支度に向かうAくんを後ろから見ていると，尖足で膝の突っ張った歩きの様子が見てとれる。訓練時に見せるそれとは明らかに違う。この事態をどのように理解すればよいのだろうか。

　ずいぶんと前だが，片まひがあり，右足を尖足気味に歩いていた高校生のBくんに質問したことがある。〈なぜ訓練のときは（足裏全体を使って）かかとをつけて歩いているのに，終わったらパッとかかとを上げて，いつもの歩きに戻すの？〉と尋ねると，「あれは訓練用の歩き方だから」とBくんは教えてくれた。当時はうまく理解ができず，このやりとりだけが記憶に残っていた。

　今となって理解できることは，訓練時の歩行と日常時の歩行は，動作としては別物ということである。訓練時の歩行は，トレーナーの求める課題動作を達成するという意図で，求める課題動作を達成するように努力した結果の歩行動作である。日常時の歩行は，移動や次のやりたいことに向かう意図で，早くそこにたどり着くよう努力した結果の歩行動作である。日常時の歩行では，訓練時の歩行で用いた意図や努力はまったく働かないわけではないが，あまり意識されない。意図や努力が異なるわけだから，結果として生じた身体

運動も異なるのは当然である。

このように理解したとき，アプローチはどのようになるのだろうか。しばしば選びがちなアプローチは，日常の歩行のときに「訓練のときのように歩きなさい」と指示することである。しかしこれはほとんどの場合，うまくいくことはない。ほとんどの場合，トレーニーはそのことに同意しない。トレーニーは遊びに行くために歩くのは同意するが，日常のすべての歩行が訓練歩行になることには同意しないし，実行もしない。

動作訓練がとってきたアプローチは，訓練時の歩行動作を，ほとんど意識しなくてもできる水準まで引き上げることである。課題を一緒に繰り返しながらそこを目指していく。日常の場面で，スッと自然に訓練時の動作があらわれることを目標にしてきた。

イメージのこと

基本となるプロセスの説明において，イメージという言葉を多く用いた。成瀬先生はじめその門下の先生方は多くのイメージに関する研究をなされてきた。動作法研究のなかにもイメージをキーワードに扱ったものもあり，動作訓練とイメージは深い関係にある。心理学におけるイメージについての解説は成書にお任せするが，動作訓練でイメージという言葉を用いて説明するときに，どのようなことを意図しているかについて補足しておく。

動作訓練でいうイメージとは，実際の身体運動と言語表現の「間」を指していると考えている。これは動作イメージといってよいだろう。「手を上げる」は単なる言葉（言語表現）である。一方，実際に手を上げるという身体運動がある。動作イメージはその間にあり，言葉と身体運動をつなぐものと位置づけることができる。もちろん言葉にもさまざまなイメージは伴うし，身体運動にもイメージは同伴しているので，明確な区切りのないグラデーション的な定義である。

　この間にあるつなぎの役割として，動作イメージを想定しておくと，実践的には役に立つ。先に述べた基本プロセスの①で「動作のイメージを伝える」，②では「イメージで受け取る」「受け取ったイメージをなぞるように動作する」という表現を用いた。理想的には，トレーナーからは課題となる身体動作を直接そのまま伝えることができて，トレーニーがそれをそっくり実現できればいうことはない。ところが実践はそんなに簡単でもないし，単純でもない。トレーニーの多くは，動作のレパートリーに制限を持っている。意図したようにすんなりは動かない。身体運動につながらない。彼らはここをつなぐ手がかりを必要としている。このときに働くのがイメージである。言葉と身体運動をつなぐイメージは，意図と努力，そして身体運動をつないでいる。

　実践的には，トレーニーのなかにどのような動作イメージが存在するのか，それがどのように働いているのかを想像してみると援助がぐっと彼らに寄りそうことになる。彼らの持っているイメージに「新しいイメージを加えていく」や，「持っているイメージを変容していく」と考えることで，彼らの心的プロセスに働きかけることができる。身体運動に働きかけるだけでは，心理学的アプローチである動作訓練とはいえない。目には見えないトレーニーのイメージを，トレーナーがイメージすることを，動作訓練の実践で追及してほしいと考える。

　あらためて動作訓練の対象について

　本書では，「動作訓練とは，臨床動作法のうち障害を持つ者を対象として，動作を用いて援助する技法の総称」と定義した。矛盾する言い方に感じるかもしれないが，これから動作訓練は障害名から離れる立場を明確にすべきと考える。

　動作訓練は障害のある人を対象として始まり，その対象を拡大してきた。脳性まひを中心とした肢体不自由，知的障害，ダウン症，自

閉症スペクトラム，ADHD，重度・重複障害といった診断名をこれまでの報告から見つけることができる。これらのタイトルにおいても毎年の学会等でのプログラムにも，「脳性まひ者への動作法」「自閉症者への動作法の適用」といった表記の仕方が一般的である。これでは，あたかも障害を対象にしているかのような表記となっている。脳性まひの定義は，「受胎から新生児期までに生じた脳の非進行性の病変にもとづく，永続的な，しかし変化しうる運動および姿勢の異常である」が，動作訓練が対象とするのは，はたしてどこになるのであろうか。脳の病変でないことは明らかであるが，では運動および姿勢の異常が対象といってよいだろうか。

　動作訓練が対象とするのは「○○障害者」の「○○障害」ではなく，「者」のほうであるといわれる。成瀬先生の研修資料のなかにも「脳性まひは変わらないが脳性まひ者は変わる」とあった。この意味するところを考えてみたい。

「障害」のとらえ方の変化

　先にも述べたが，ここ数年，障害のとらえ方が医学モデルから社会モデルに展開しつつある。医学モデルは個人内モデルであり，障害や病理そのものが困難であるとみなすのに対し，社会モデルは個人間モデルであり，個と社会の関係に困難があるとみなす。このモデルでは，仮に身体機能上に病理的な障害がなくとも，その人の生活に環境や社会とのミスマッチを生じているならばそれを障害ととらえる。逆に機能的な制約があっても，社会生活が適応的ならば障害とはとらえない。

　また2000年頃から使われるようになった特別支援教育という呼称は，英語表記にすれば Education for Special Needs もしくは Education for Child with Special Needs となる。それまでの障害児教育は，Education for Child with Handicap（あるいは Disability）であった。教育の対象は「障害」から「ニーズ」に変

わった。もはや障害とは個別性や関係性のなかにあると考えられており、明確な輪郭をもっていない。その意味では障害や障害者を対象とするという言い方も、すでに明確な定義とはなりえていない。

動作訓練の対象は動作である

このような動向も踏まえながら、動作訓練の対象とは何かについて考えなくてはならない。実はこの答えは単純かつ明快である。動作訓練の対象は「動作」である。その人固有のものであり、その人に由来する動作が、対象である。このように考えてみるとこの問題はすっきりする。もちろん、動作は環境に対して独立的にあるわけではなく、個と環境の関係のとり方そのものである。その人が環境と関係をとろうとするとき、その人の特性のひとつである「障害」が制限や困難さという影響をおよぼすかもしれない。それはあくまで影響の一部でしかない。社会モデルでいうところの関係の障害も、特別支援教育でいうところのニーズも、動作のなかにある。

このように考えると、障害名は重要ではあるが、決定的ではない。障害名に対して動作訓練の見立てや援助が向けられるわけではなく、個々の人々の動作に向けられる。あらためて「脳性まひは変わらないが脳性まひ者は変わる」の意味をかみしめるとともに、このような立場を日々の実践や研修においても明確に示していきたい。動作訓練の対象は個々の動作である。

体験治療論

動作訓練では、1990年代くらいから「体験」という言葉を説明に用いるようになってきた。体験は、動作体験と伴う体験に大別できる。動作体験は「自体感・実感・現実感・コントロール感・リラックス感・具体感・努力感」などであり、伴う体験は「有能感・効力感・変容感・可能性感・がんばり感・共感・達成感」などがあるといわれてきた。動作訓練では、トレーニーが動作課題に取り組むこ

とで，これらのうちのいくつかがセッションのなかで体験され，それが日常生活での変化をもたらすと考えてきた。これを体験治療論と呼ぶ。

　体験治療論によっていくつかの現象の説明が可能になった。ひとつにはセッション内で生じている変化が，なぜ日常につながるのかを説明することになった。例えばセッションで生じたある身体部位のゆるみがなぜ日常に持続するのか。それは単に筋弛緩が持続しているだけなく，セッションで体験したリラックス感やコントール感が日常の場面においても発揮されているからだと説明することができる。

　また動作訓練を行っていてしばしば出会うのは，さまざまな動作課題に取り組んできたトレーニーの態度や心的状態の変化である。前向きな態度や自信のある振る舞い，社交的になったり，積極的になったりするトレーニーもいる。これらの説明を試みるときに，動作上の変化が因果的にこれらの変化をもたらしたと考えるにはやや無理があった。そこで課題に取り組むなかで生じていると思われる伴う体験を想定することで，これらの変化についての説明可能性が出てきた。つまりある動作課題への取り組みにおいて，動作体験だけでなく，自分ができているという有能感や自分への信頼感などがセッションのなかで体験され，それが日常につながっていると考えた。このように体験は動作訓練で生じている変化の説明可能性を広げた。

体験治療論を実践へ

　体験治療論は説明理論としてだけでなく，より戦略的に，目の前のトレーニーにどのような体験をしてもらうことが，より治療的になるのかということを考える発想へとつながっていった。この治療的という表現を動作訓練に合うように変換すると，発達の促進や心身の機能向上，生活適応の高まりといった言葉にしてもよいだろう。

ひとりひとりのトレーニーに対して，動作課題を使ってどのような体験を提供することが，トレーニーにとって有意味な体験をもたらすのかを考えることができる。

　脳性まひによる肢体不自由者だからといって，動作体験だけを提供するわけではない。ぐっと踏ん張れた自体の実感に伴って，「今，自分はやれているな」と体験する。そこでもうひと頑張り動かせたときには，これまで以上の努力感や達成感がもたらされる。身体機能的にはできそうだけど，実際にやると難しい動作は少なくない。歩行課題などでは，足裏でぐっと踏ん張れそうだけど，恐さや不安が動作を制限してくる。動作は身体機能だけに支えられているのではなく，有能感や効力感にも支えられている。

　他方，心理的な困難さを抱えているトレーニーの場合，伴う体験のほうに焦点をあてて，より治療的な体験を提供することもできる。生きづらさや生活の不自由さを，伴う体験の積み重ねによって減ずることができるかもしれない。それらは，例えば自分の身体をリラックスさせる体験に伴うこともある。

　このように動作課題を通してトレーニーに提供したい動作体験と伴う体験を意図的に想定することで，動作訓練の可能性は広がる。しょんぼり元気の出ないときに，肩の動きに不自由がなくても，肩まわりの動作課題を通して，「今，自分はやれているな」の体験をねらってもよいだろう。人と関わりたくないのだけど，動作課題をやりながら動きの感じを共感的に体験しているうちに，ぽつりぽつりとしゃべりだす人もいる。体験治療論によって，動作訓練の適用範囲は大きく広がることになった。

　動作訓練の目指すところ
　動作訓練とは，障害を持つ者を対象として，動作を用いて援助する技法の総称であるが，その援助は何を目指しているのか整理しておきたい。

　先に体験治療論を紹介したが，この言葉を借りるならば，目指すところは治療である。治療とは「病気やけがを治すこと，症状を治癒，軽快させること」を意味するといわれる。治療はネガティブな状態を取り除く，あるいはポジティブな方向に向けるというニュアンスで用いられている。これを援用すれば，動作訓練における治療とは，障害による困難さや不自由さの除去や軽減ということを意味しているのだろう。

　新しい動作の獲得を目指すという表現もよく用いる。動作の種類や大小はさまざまに幅広いとしても，それまでできなかった動作ができるようになるというのはひとつの目指すところなのだろう。

　同じような意味合いで動作発達を促すともいわれる。ひとり立ちや独歩を獲得するという意味の運動発達まで大きな単位でなくとも，身体の安定感が増したり，柔軟性が高まったりすることは動作発達といってもよいのかもしれない。

　障害のとらえ方を広げるならば，これらの動作獲得や動作発達は，環境との関わりや活動レパートリーを拡大するという言い方もできる。さらには社会参加の実現や生活状況の改善といった視点まで広げて，動作訓練の目指すところをあらわすこともできる。つきつめれば目指すところは生活適応の高まりであり，自己実現である。

　このように列記していくと気づくことであるが，実は動作訓練の目指すところは単一でもなければ，定まっているわけでもない。ひとりひとりに，そのとき固有の目指すところがあるといえるだろう。

　「今日はちょっと肩のきつさを楽にしたいな」もあれば，「ぐっと踏みしめてひとりでバランスとって立つぞ」もある。「字を書きやすくなるよう，手先の巧緻性を高めたい」もあれば，「股関節まわりをゆるめてトイレが上手にできるようにして，外出先で困らないようにしたい」でもいい。動作訓練には，このような幅広い目指したいところに応えられるだけの幅と柔軟性があると考える。

動作法とは変わるもの

　スーパーバイザーや講師の役割を担うようなってからは，「動作法」（この段落では最大範囲を指すこの総称名を用いる）を講義する機会が増えた。動作法の研修は夏場に多く開催されるので，毎夏前に資料を作成するのが定例の仕事であった。作成したり人前で話したりしながら，実感するのは，毎回内容が変わるということである。それは研修を受ける受講者に合わせて変えているという理由だけではなく，自分が話す，考える，伝えたい動作法が変わるということである。

　学生時代に毎年参加していた春と夏にやすらぎ荘（福岡にある動作法の全国規模の研修が行われる会場）で開催される研修キャンプのプログラムのはじまりは，成瀬先生の講義であった。毎年，2回くらい受講する機会があった。毎年受講するようになってまもなく，成瀬先生の講義が毎回違うことに気づくことになった。それはすでに体系化された動作法というまとまりを切り分けて話をされているからでもなく，同じことを別の切り口から話をされているからという表面的なものでもなく，動作法全体が少しずつ変動していると実感させる違いであった。

　正直にいえば，当初の感想は「毎回，（内容が）コロコロと変わって困るな」だった。怠惰な学生だった私にとっては与えられる情報が変わることが，「理解が追いついていかない」，「覚えきれない」との感想を抱かせた。

　プログラムのはじまりは講義であるが，次は実技研修であった。参加者同士でトレーナー役とトレーニー役を体験しながら，動作課題を学んでいく時間である。ここでも微妙に課題が変わっていく。新しい課題が出てきたり，同じ課題のように見えて援助の仕方や強調点が更新されたりしている。さらには，これらの研修に続くトレーニーへの実際の動作訓練では，新しい課題や援助方法がどんどん披露されていく。その変わりっぷりの早さに「え!?　まだ前の課題

やれていないのに」と年長のトレーニーと苦笑いして顔を見合わせたこともあった。

　当時, 他県で開催される動作法キャンプや研修会に参加すると, やすらぎ荘に毎回参加している私に対して「最近の新しいことは何？」と各地の先生たちから質問を受けたものである。この頃になると動作法では変化・更新が当たり前であるとようやく認識し, 同時に意味するところを考えるようになった。より良いものを追求するならば変わるのが当然だと思えるようになった。数年後, 自分が説明する動作法はどのようになっているのだろうか。変われていることに価値を置きたいと思う。

コアとなる理論

　動作訓練の理論と技法はさまざまな対象, 領域, 活動において活用されてきた。対象でいえば, あらゆる障害種を持つ人に適用されてきたといってよい。障害のある人だけでなく, 健康な人, 心身の病を抱えている人, 環境の変化や予期せぬアクシデントなどで生きづらさを抱えている人へと活用可能である。領域では, 心理, 教育, 福祉, 医療と括られる分野へと広がり, 例えば学校, さまざまな施設, 病院, 地域へと広がりをみせてきた。そこでの主たる目的も, 治療, 教育, カウンセリング, リハビリテイション, 相談, レクレーション, 健康づくりなど多岐にわたる。

　このような広がりや展開がなされていくとき, 動作訓練の理論の輪郭がぼやけるような感覚とそれに伴ういくらかの危惧がある。実際に理論の活用され方は, 折衷的であったり, 部分的であったりしていく。もちろん理論をどのように活用するかは自由であり, それぞれの判断でよいのだが, 輪郭がぼやけすぎることは, 対象の理解やアプローチのねらいまでもぼやけさせるように思われる。やはり動作訓練の理論のコアをおさえておきたくなる。むしろコアを意識することで, 自由に活用できるとも考える。では動作訓練の理論の

コアとは何かと考えなくてはならない。

　これを論じることは，もっとも気後れするところであるが，あくまで私自身が活用，応用しながら感じてきたもっとも動作訓練らしい理論をコアとして紹介していると理解いただきたい。

　動作訓練のコアとは「人の身体の動きを心的活動の一部としてとらえる」ことである。身体の動きには座位や立位などの姿勢や，単一身体部位の小さな動きである単位動作，歩行などの粗大運動，指先の微細運動などおよそ随意的な運動はすべて含む。心的活動の中心は意図や努力であるが，感覚，認知，思考，情動，感情などあらゆる心的活動を意味している。

　身体の動きを心的活動としてとらえることによって，身体の動きからその人を理解することが可能になり，身体の動きからその人にアプローチすることが可能になる。あらゆる応用的な活用も，このコアが存在するならば，それは動作訓練の活用といえるのではないかと考える。

コラム

場と動作訓練の関係

　動作訓練が行われる場は大きく二つに分けられる。ひとつは訓練会やキャンプのように動作訓練を提供する，動作訓練を受けるために設けられた場である。もうひとつは，学校や園，施設，相談機関のようにその場が持つ活動のなかに動作訓練が取り入れられている場である。前者は，動作訓練を受けること，提供することが場の持つ最優先の目標である。一方，後者は，その場が持っている目的（学校ならば学校の教育目標，相談機関ならばその機関の目標）が，最優先の目標であり，動作訓練を提供することが優先されるわけではない。

　後者の場では，前者とは少し異なった工夫が求められる。その工

夫は，なぜ動作訓練を取り入れるのかについての説明や実施方法などにおいて必要となる。

　後者の場では，まず目指す目標である「改善したいことや獲得したいこと」が，相談機関ならば相談担当者と来談者，学校ならば教師と子ども・保護者の間で共同的に定まっていくところがスタートである。その目標達成に近づく方法として動作訓練が適当であると判断されてはじめて，動作訓練というひとつの方法の選択がなされる。その過程で，具体的な目標達成のために動作訓練がどのように有効であるのかを，事前に説明しなくてはならない。インフォームドコンセントやアカウンタビリティ（説明責任）ということになろう。これは言いかえれば，指導仮説を紹介することになる。このときに動作訓練について相手に伝わるように紹介できることが求められる。

　実施方法では，動作訓練と他の技法との組み合わせや折衷を考えることもあるだろう。いわゆる指導時間（セッション）以外での指導や援助との関連づけについても検討する必要がある。他の技法との組み合わせやセッション以外の時間との関係ということも考えることになる。例えば，遊具を使った感覚遊びと動作訓練を組み合わせてもよいし，作業的な時間において姿勢の調整や手指の動作を助ける援助がなされてもよい。動作訓練の技法や課題が，他の方法や活動といかにつながるかを知っておくとやりやすい。

　動作訓練の理論や技法は，もちろんそのコアとなる部分はあるが，場に合わせた形で，説明や実施方法は変わる。変えて使えるようになるには，それなりの理解と技量が欠かせないだろう。

3. 動作訓練の各論

ここから動作訓練における中核となる「姿勢」「動作」「リラクセーション」「タテ系」について，まずは肢体不自由者を中心にして説明していく。あくまで整理するための用語として障害名を用いるが，最小限にとどめるとともに，その位置づけについては先述した。

3-1　姿勢についての理解

動作訓練では，トレーニーの姿勢を把握することが求められる。特に肢体不自由者では欠かせない中心的な課題である。個々の姿勢を把握するためには，いうまでもなく姿勢そのものについての理解が必要である。

姿勢は動きである

まず強調したいのは，姿勢を静止体としてとらえないことである。姿勢を動きとして，動的な「活動」として理解しなくてはならない。姿勢はしばしば止まった身体の「形」と誤解される。試しに，直立で起立してみれば分かりやすい。ぴたりと身体が静止している時間はほとんどなく，前後左右に身体は動き，それに対応して足の裏や脚全体，人によっては肩や頭まで動かしていることに気づくことができる。当たり前だが，これらの動きは当人の主体的（他動的の反対の意）な動きである。本人が動かし続けているのである。止まっているように見えるとするならば，それは細かく動いていて，外からは止まって見えているということである。

　姿勢を動的な活動としてとらえられるようになると，例えば座位姿勢が不安定な脳性まひ児のもっている難しさの理解が変わってくる。彼らはうまく止まれないのではなく，うまく動けないのだと理解が変わる。このように理解したときに，ではどのように動けばよいのかという発想になり，そこが課題の動作となる。止まろうではなく，いかに動くかが課題になる。

姿勢とは環境との関係の取り方である

　ではこの課題となる動作とは具体的には何かと考えれば，それは重力や床面という環境に自分の身体を対応させるための動作ということになる。ここにも姿勢をどうとらえるのかのポイントがある。姿勢とは，環境に応じるという目的を持っている。環境の代表が重力である。我々は常に重力という環境にさらされており，身体を起こしていたり，なにがしかのアクションをしようとしたりすれば，重力への対応に迫られる。このように姿勢とは個に閉じているのではなく，重力をはじめとする環境との関係において存在するという理解が求められるのである。

　ではこれらのことを踏まえて，目指したい望ましい姿勢というものが仮にあるとするならば，それはどのようなものであろうか。それは，重力線に適応した形をなしていて，同時に環境に即時応答できるように身体の各部位に遊び（ゆるみ）がある姿勢ということになるだろう。重力線へ適応した形とはまっすぐに近い形ということができ，動作訓練ではこれを「直」と呼んできた。頭から床との接地面である足裏かお尻までを，できるだけ前後左右の凸凹を少なくした姿勢ということができる。

姿勢は緊張とゆるみが同居する

　さてこのような直の姿勢でいるためには，それなりに全身的に力を入れておかなければならない。過度に脱力していては直の姿勢を

保持できない。これは姿勢緊張といわれる。

一方では，遊びのある姿勢とは必要な部位に適度なリラクセーションがなされた状態をさす。先述のように姿勢とは環境への対応を常に求めるので，動けるように準備しておく必要がある。ガチっと身体の各部位に力を入れ過ぎていては，即応的な動きはできない。

このように姿勢には緊張とゆるみが同居している。しかもこの緊張とゆるみが相反することもある。このように姿勢を理解すると，その難しさに気づかされるが，姿勢を保持するためには具体的には緊張の適当な強さ，バランス，配置，組み合わせといった調整が必要なことが見えてくる。これが動作訓練の課題のもっとも具体的なところである。

姿勢や動作を時間（歴史）で見る

脳性まひ者や知的障害のある人はもちろんだが，障害のないといわれる人の姿勢にもさまざまな特徴を観察することができる。猫背，肩の上りや前屈，腰の反り，お尻の引け，側彎，膝の突っ張りなどあげればきりがない。そして特徴をあらわしている身体部位には，いわゆるかたさや，動きにくさ，動きの幅の狭さ，方向の制限などが存在する。見た目の特徴だけではない，動き方，動かし方の特徴である。

ところである程度，動作訓練のキャリアを積むと，このような特徴を見つけることは容易にできるようになる。初心者でもじっくりみれば見た目の特徴は気づくことができる。一定の基準となる身体（先に述べたような直の姿勢）を想定して，それに対しての逸脱度をみればよいので，あたかも間違い探しのように「右肩が上がっている」「腰が反っている」「背中が丸い」と指摘することができる。さらにそれらの部位あたりを動かしてみれば，「ここがかたい」「こっち方向に動きにくい」「右と左で動かし方が違う」と見つけることができるようになる。さて，このような特徴が把握できることは大事

なことではあるが，ここからもう一歩進むことを目指したい。それはなぜそのような特徴が生じているのか，その特徴がどのように形成されてきたかの時間的な経過で見て取れるようになりたい。動作訓練的なケースフォーミュレーション（症状形成の理解）である。

例えば側彎を理解する

　ある子どもに側彎があるとして，これが成長，生活のなかで形成されてきた特徴であると，時間の積み重ねを意識しながら推測的に理解していく。ある程度座位のとれる子どもの側彎では，座り方のクセが側彎という歪みを生じさせる最初のバイアスとして働き始める。このクセは得意不得意でもあり，好みでもある。細かくは，重心の位置，骨盤の角度，腰まわりのねじれなどがある。誰しも座りやすい位置や形を持っている。ここで肢体不自由のない人は不得意な座り方をときに使ったり，座り直したり，ときに全身を伸ばしてリセットしたりしてバイアスの影響を低める。一方，肢体不自由があると，座り方のバリエーションは少ない。得意と不得意の差が大きいといってもいい。得意な座り方を中心にして座っていることはできるが，それ以外の使い方が難しい。得意不得意に始まったバイアスは，時間的な積み重ねを経ると使い方の偏りとなり，その結果として側彎を生じさせる。このような側彎という姿勢の理解が可能である。

　側彎をもたらすバイアスには，座り方の得意不得意だけでなく，視力の左右差や上肢の使い方の左右差，内臓系の不調などもなりうる。複数の要因が絡み合うこともある。

　このように姿勢を時間経過で理解できるようになると，アプローチの仕方の幅が広がる。切り取った今の状態として側彎があるという理解からは，曲がっているところ，緊張が強い部位をゆるめて伸ばしましょう，曲がらないようにコルセットで抑制しておきましょうというアプローチになる。いわゆる対症療法的なアプローチとい

われる類である。もちろんそれらは無意味ではないし，必要ではある。一方，時間経過で姿勢を理解できるようになると，側彎をもたらしてきた座り方や使い方に焦点が向く。座り方の左右差や不得意な動かし方にアプローチし，バリエーションを増やすことを目指すだろう。日常の姿勢にも配慮がなされ，姿勢が過度に固定化されないよう声掛けがなされたり，活動内容が工夫されたり，イスなどの物的環境も整備される。

　このような時間的な理解は，姿勢の形成過程の振りかえりだけでなく将来を予見するように使うこともできる。すると予防的な観点から課題を設定することが可能になる。座り方や緊張の左右差やねじれに対して，少しでもその差を軽減するよう働きかけることができる。肢体不自由者の姿勢に対して，予見的，予防的な視点から理解することで訓練の可能性は大きく広がる。

本人なりの適応

　猫背，肩の上りや前屈，腰の反り，お尻の引け，側彎，膝の突っ張りといった姿勢の特徴にどのようなイメージを持つだろうか。できれば直したい，そうでないほうがよいというネガティブなイメージを持つのが自然かもしれない。私も以前はそのようにとらえ,「よくしたい」「直したい」と見ていた。しかし最近では，良くも悪くないという中立的な見方，場合によってポジティブな見方もするようになってきた。それは姿勢をその人の適応努力の結果として見るようになったからである。

　例えば猫背で，かつ首の後ろがぎゅっと反り，顎は突き出すような姿勢で座るトレーニーがいる。先の時間経過での姿勢理解と合わせると仮説的に以下のような理解をすることができる。この人は股関節まわりの開きにくさがあるだろう。そのため座るときに，床に接地できるお尻の面は小さくなり，前方に重心を移すことが困難で，身体全体が後ろに傾きやすいだろう。座位で後ろに傾いたとき，倒れ

まいとして身体のどこかを必然的に前方向にもっていこうとする。そうやって前後のバランスを取らざるを得ない。そのときできれば腰や背中を前に出したいのだが，そこは股関節まわりの関係もあって動かしにくく，比較的自由に動かせたのは肩や首だったのだろう。それで前後のバランスを保つために，顔や首を前方に出したが，腰や背中は後ろにあるままなので，猫背のように背中を曲げることなる。一方で肩や首が前に出ると顔が下向きになるため，視線が下に向く。そこで視野を前方に確保するために，顔を上げたいのだが，肩や首はバランスをとるために前に突き出している。そうなると首を反るような形で顔を前方に向けて視野を確保するしかない。

　このように理解すると，この一連の姿勢づくりのなかに，いくつもの適応努力や工夫が含まれていることに気づかされる。座位を保つために猫背になったこと，視線を前方に向けるために首を反らせたことが見えてくる。ここで，彼らの姿勢へのネガティブなイメージは変わる。彼らの猫背や首の反りは決して歪みや逸脱，不適切な使い方ではなく，彼らなりの姿勢をとるための努力として見えてくる。この姿勢は，生活や環境に向かう能動性や主体性のあらわれそのものである。

　適応努力としての姿勢という理解は，セラピストの態度を変容させ，アプローチの方向性を正すだろう。先に動作訓練の目指すところは幅広いと述べたが，適応努力という理解のもとでは，彼らを「直そう」という発想はなくなり，「より生活しやすくなるために，彼らの適応努力の幅を広げる」と発想されていくものと考える。

Cさん

　Cさんは，ある通所施設でお会いした50代の男性である。知的障害が主たる障害である。施設スタッフによると，「最近，Cさんの歩き方が変わった，速度が遅くなり，姿勢が崩れている。朝の散歩ではいつも先頭で，我先にと急いでいたのに，最近は遅れがちにな

った」ということで動作訓練を受けることになった。スタッフへの聞き取りや本人と実際に訓練をしながら分かったことは，Cさんの歩行は，もともと両足とも極端なつま先歩きで，いわゆる尖足で歩いていた。Cさんは50年間，この歩き方で通してきたらしい。尖足で前のめりということもあって，結果的にすごい速さとなっていたらしい。それまでの生活では，毎日の通所で往復1時間は歩き，趣味は散歩であった。鍛えられたその足はアスリートのようであった。

Cさんは，尖足気味の足首を駆使した独自の早歩き術を編み出し，長年それで生活してきた。それが数か月前に家を施設の近くに引っ越ししていた。加えて感染症対策で外出ができなくなっていた。極端に歩かなくてすむ，歩きたくても外に行けない生活に変わっていた。歩きの量的な変化が，Cさんの歩き方に質的な変化をもたらしていたのである。

Cさんは多くのことを気づかせてくれる。まず人の動作や姿勢は生活のあり様や環境と不可分な関係を持っていることである。さらにその関係は良好なときもあればその逆にもなり得ることである。また，その人なりの適応努力をしてきた結果としてそれぞれが今の動作を作ってきたことにも気づかされる。そしてそれがいろんな理由から，再適応を求められることもある。それは大仕事である。この日の動作訓練は，Cさんの新たな適応努力に対して手伝うことであった。

コラム

成人トレーニーに学ぶ

動作訓練は訓練会やキャンプなど，民間的な活動をその主たる活動の場としてきた。参加者に年齢制限がないため幅広い年代のトレーニーが参加してくる。長年にわたって，一緒に動作訓練に取り組ん

できた彼らと過ごすことは，学びの宝庫に招かれたようである。私にも出会ってから20年を超えるトレーニーが何人もいる。いくつかの学びを紹介しておく。

まず，ある障害を持って生活している人の姿勢や運動面の変化を経年で見せてくれる。しかもそれらの変化は彼らの身体に生じている個人内のあらわれではなく，ICFの概念図に見られるような健康実態や活動や社会参加，環境因子や個人因子などの相互関連性をもった個人間のあらわれである。例えば特別支援学校を卒業するとどういうことが生じやすいのか，健康面の変容が何をもたらすのか，社会とのつながり方が身体にもたらす影響など，ダイナミックな事実をもって教えてくれる。

同様に，長いスパンの発達的変化や姿勢，運動の変化をみせてくれる。学齢期の成長とともに見せる運動発達，第二次性徴期に生じやすいある種のアンバランスさやリスク，20歳以降の身体とのつきあい方の上達（私はこれを20代成長期と呼んでいる），いわゆる加齢と姿勢，運動との関係などを実際的に学ばせてもらった。

20代成長期の代表者である30歳くらいでイスでの一人座りを獲得したDさんは，それまでアテトーゼ緊張の制御にずっと取り組んできたが，20代の終わり頃から，制御のコツをつかんでいった。座位の安定に伴い，見たい方向に顔を向け，うまくセッティングすれば目の前のスイッチに手を伸ばせるようになった。姿勢運動の変化は，当然，生活を変容させる。洋式トイレの使用が可能になり，それまでの介助ベッドオンリーの条件から解放された。支援者と長い時間，好きなところへ外出することが可能になった。

もちろん制御のコツは突然身についたものではない。幼少期からの親子，関係者との丹念で息の長い動作訓練がその土台を成していた。その証拠に強い筋緊張を持っているDさんではあるが，動かすのに支障のあるような歪みや痛みをほとんど持たずに成人期まで過ごせていた。長いスパンで目標を設定し，課題に継続的に取り組む

ことの必要性と有効性を学ばせてくれた。

　このDさんのように親子の長い取り組みからは，家族の歴史や育ちについても学びをいただいた。もちろんそこではさまざまな家族の思いにも触れさせてもらった。その他，数え切れないほどの学びをいただいた。あらためてここで感謝したい。

3-2　動作を理解する

　動作訓練でいう動作を大別すると「動かす」と「ゆるめる（リラクセーション）」の二つになる。どんなに複雑な動きも，突きつめればこの「動かす」と「ゆるめる」の身体部位ごとの組み合わせとそのタイミングと入れ替えに整理できる。ここでは「動かす」を動作と呼んで解説していく。

動作を分析する

　運動生理学では，突きつめれば動きとは筋肉の収縮でしかないという。運動とは筋・腱の収縮（ON）と収縮していない状態（OFF）に行きつくらしい。つまりどこに力を入れるか，入れないかである。腕を伸ばす動きは，おおざっぱにいえば，腕の外側を収縮させ（ONにして），内側をゆるめている（OFFにしている）。これをはっきりすばやく分けて行えば，腕はすばやく伸ばされる。ON/OFFをそれぞれ緩慢に分かれていけば，腕はゆっくり伸びる。昔のプログラミングの1と0の組み合わせに似ている。

　ひとりで座るという動作を実現させるには，多くの「動き」を組み合わせる必要がある。頭の先から足の先までその組み合わせのパターンは数限りない。その中核的な動きのひとつに腰から背中にかけて伸展させるという動きがある。先ほどのON/OFFでいえば，背側を収縮（ON）させ，腹側をゆるめて（OFF）いくことで，いわ

ゆる背中が伸びる動きになる。ここで背中側も，腹側も ON にして力を入れてしまうとうまく背中は伸びないし，逆に両方を OFF にしても背中は伸びない。適切に組み合わせることで，動きが作られる。

　次にタイミングの問題がある。背中を伸ばす動作の，適切なタイミングは上体がやや前傾しているとき，もしくはほぼ座面に対して垂直にあるときである。上体が後傾し，重心が後ろにあるタイミングでこの動作を行えば，身体は後ろに倒れてしまう。細かな動きの適切さは，ON/OFF の組み合わせによる動かし方にもあるが，それをどのタイミングで行うかにもある。この動作のタイミングの問題はこれまであまり話題にされてこなかったかもしれない。ではタイミングは何によって決まるか。その適切さの条件のひとつは重心の位置である。重心がどこにあるかによって，同じ動きでも適切にも不適切にもなり得る。座位の安定という目的においては，重心が前にあるときには，背を伸ばす動作が適切だろうが，同じ動作を重心が後ろにあるときに行えば，不安定で後ろに倒れそうになる。重心が後ろにあるときには背は丸める動きのほうが安定する。重心については，後のタテ系のところでも述べる。

　さまざまな動作について，その動き方だけでなく，それをどのタイミングで行っているのか，どのように組み合わせて行っているのかまで含めてトレーニーの動作を把握していくことが必要である。特にトレーニーの動作不自由のなかにはタイミングの問題でうまくいかないことが少なくない。トレーニーの動作の分析ポイントに加えておくとよい。

　分析した動作を訓練課題にする
　さて動作訓練では課題となる動作をトレーナーからトレーニーに提示するのだが，トレーナーは自分が提示している動作課題がどのような ON と OFF の組み合わせになっているのか，部位ごとに，タ

イミングも含めて分析しておく必要がある。分析して把握しておかなければ，援助や評価はあいまいになる。分析や把握ができていない動作を課題として提示することは望ましくない。それでは援助も評価もできない動作になってしまう。

　ひとつの例では，座位姿勢で腰を立てながら背中を伸ばす課題がある。この課題では，スタートの姿勢が丸まった姿勢ならば，腰を立てるために腰の上のほうを収縮させるような力を入れることになる。加えて，その入力とほぼ同じタイミングで背中から首にかけてゆっくりと入力し背中から上が起きるようにする。さらには顎の下に入力をして顎を引く。この入力に合わせて，身体の裏側，背中でいえば胸，腰でいえば腹側の力をゆるめる，もしくはゆるんだままにしておくことになる。このような課題動作の分析をしておき，トレーニーの身体の各部位がこれらの ON と OFF をしているのか，タイミングはあっているかを把握していく。事前に分析した動作と不一致が生じているようならば，必要な援助を提供していく。そして結果を評価する。このように課題としている動作の分析とトレーニーが実際に行っている動作の把握が，トレーナーの役割として求められる。

　動作課題を絞り込む

　難しい例では，歩行動作がある。歩行動作では，タイミングや入れ替えや組み合わせが複雑に，ほとんどが左右非対称に連続的になされている。動作を分析することもだが，実際にすべてのトレーニーの動作を把握することは難しい。しかもトレーニーはトレーナーが想像していない動きや組み合わせをすることもある。そこで課題のポイントをひとつくらいに絞ることになる。例えば，踏み出した足に重心をのせていくときの膝と股関節の使い方くらいにポイントを絞る。もしくは歩行動作そのものを分解して，連続した歩行を課題とはせず，例えば一歩片足を踏み出す動作だけに切り取る。さら

にはその絞った動作のなかでも，膝と腰の使い方だけに絞って，動作の分析と実際の把握をするというように限定していく。

　トレーナーが把握できない量のポイントを含む動作を課題にしては，援助や評価ができない。トレーニーにとって課題が曖昧で難易度が上がりすぎることになる。トレーナーの力量のひとつは，その動作が分析できて，トレーニーの身体で実際に起きていることを把握できることにある。そのためにもまずは自分の身体でその動作を行い，細かく分析し，具体的にどこに力を入れ，どこの力は入れないでいるのかを，理解しておかなければならない。これは課題実施前の欠かせない段階である。

3-3　リラクセーションを理解する

　動作を大別すると「動かす」と「力を抜く」になるわけだから，動作訓練の課題も「動かす」と「力を抜く」に大別できる。ここでは「力を抜く」をリラクセーションと呼んで解説する。

リラクセーションとは何か

　動作訓練で重視してきたリラクセーションとは，トレーニーが意図的に緊張している部位に働きかけて，試行錯誤の努力をして，その部位の力を抜くというリラクセーションである。ここにはいくつかのポイントがあるが，そのひとつはまず意図的に力を抜こうとするところである。

　リラクセーションのねらいである筋緊張の弛緩をもたらす方法にはさまざまなものがある。例えば，温浴，アロマ，マッサージ，タッピングといった方法も筋の弛緩反応を誘発するし，深い睡眠状態になればほとんどの筋緊張は弛緩する。

　他方，動作訓練が課題として設定するのは，このような外的刺激からの誘導や睡眠などによって随伴して生じたリラクセーションで

はなく，本人の主体的，自発的行為としてのリラクセーションである。入浴やマッサージによるリラクセーションの効能を否定するつもりはないが，日常生活はお風呂のなかではないし，常に誰かがそばにいて，必要なときに身体をマッサージしてくれるわけでもない。自分で自体をリラクセーションできるようになっていくことが，もっとも利用可能性が高い。自分でコントロールできる力を高めていくことは，身体面に限らず，心理面や行動面にも大きな効果をもたらしてくれる。

動くための条件としてのリラクセーション

先に述べた動作を分析するところとも関係するが，ある身体の動きを行うためにはその部位が一定程度弛緩されている必要がある。動かそうと力を入れるわけだが，力を入れるためにはそこに力が入っていなことが条件である。OFF であるから，ON になれるのである。その拮抗する部位も同様である。ひじを曲げるには，収縮する側の反対はゆるんでおく必要がある。動きの実現にはリラクセーションが条件として必要なわけで，そのリラックスした状態に自分で意図的になれなくては，動きは極めて困難になる。動くためにゆるめる。これも動作訓練が意図的なリラクセーションを目指す理由である。

リラクセーションを保持する

もうひとつリラクセーションのポイントをあげておきたい。リラクセーションは，ゆるんでいるという状態に「なる」という意味と，その状態を「保持している」という意味を含んでいる。実際のトレーニーの様子でいえば，肩に援助をしてもらいながらスッと力を抜くことができたとする。その状態から，ちょっと後ろを振り向こうと首を回したり，言葉を発するために上体に力を入れたりしたときに，また肩にグッと力が入ってくることがある。もちろんまったく

肩に力を入れずになにがしかの行為をすることは難しいが，行為に付随して肩に必要以上に緊張が入ってしまうことが多いトレーニーがいる。意図的にある部位の力を抜けるようになってはいるが，その状態を保持しながら別の行為をすることが難しいという場合もある。できれば他の行為をするときに付随する緊張を抑制して，リラクセーション状態を保持できるようにしていきたい。ここも動作訓練が目指すリラクセーションのひとつである。

リラクセーションの援助

リラクセーションの課題をトレーニーと取り組んでいると，ゆるめ方に個性があることに気づかされる。

例えば，側臥位で肩を開くようにゆるめていくときに，いったんぎゅっと止まってから，一気にスーッとゆるんでいく人がいる。間断なくスッスッと小刻みにゆるんでいく人，前半はいとも簡単にゆるめていくにもかかわらず，難所になるとまったく動かなくなってにっちもさっちもいかない様子の人もいる。トレーナーとの関係も含めていえば，こちらの手の援助を利用しながら共同作業としてリラクセーションしていく人，あまりこちらの援助に関係なく自分のペースで取り組む人，援助待ちの姿勢で自分からはあまり動かそうとしない人がいる。これらは個人によっても異なるし，その日のコンディションによって異なることもある。このようにゆるめ方にはその人なりの個性がある。

課題に取り組みながら，この個性を感じ取り，そこに援助の仕方を合わせていけるときは，いわゆる息の合った訓練になりやすい。リラクセーションとしても成果が大きいように思われるし，トレーニーの取り組みもより主体的になっていく。個性を読み取ることと，そこに合わせる技術があると訓練は進みやすい。トレーナーのやりたいゆるめ方が前面に出て，それをトレーニーに押し付けるようなことは控えたほうがよい。

　しかしながら援助の奥深さはただ個性に合わせるだけにとどまらない。ときには本人のあまりやらないゆるめ方を提案することもある。自分ペースでサッサとゆるめたい人に，あえてじっくりゆっくりとしたリラクセーションの仕方を求めることもある。援助を待っている人に，少なめの援助しか提供しないこともある。「もう一回」と同じ課題を繰り返して，前と違った感じの援助の仕方をすることもある。これらは意地悪をしているわけではなく，トレーニーに新しい体験をしてもらうことや，いつもと違うやり方が身につくことを期待してのことである。もちろんほどほどにしておいたほうがいいだろう。

　なぜリラクセーションなのか
　心理臨床の領域で働いている人たちからリラクセーションに関する研修を依頼されることがある。学校臨床，クリニックや精神科の病院臨床で活用したい，ストレスマネジメントや心の健康づくりに生かしたいという動機らしい。確かにさまざまなリラクセーション技法を紹介した書物によれば，呼吸法，漸進性弛緩法，イメージ法などと並んで動作法（ここでは動作法としておく）が紹介されている。

　依頼されれば断れないので，その他の技法と一緒にワークを交えて研修するが，動作法におけるリラクセーションは他の技法と異なる点があるという解説と，もしかすると依頼者の意に反しているかもしれないが，肩の動きや座位での腰の動きや立位での踏みしめといった動作の課題を加えるようにしている。

　確かに，動作法のなかにも肩のゆるめや前屈のようにリラクセーション課題といわれるものがあるが，呼吸法や漸進性弛緩法とは異なる特徴がある。それは動作法におけるリラクセーションは，自身の身体へリラクセーションを意図して直接的に働きかけるところである。呼吸法によるリラクセーションは呼吸という主活動を繰り返

し，副次的に全身的な身体のゆるみをもたらしている。漸進性弛緩法のほうが直接的に身体に働きかけるが，主活動は「ギューッと力を入れましょう」の入力のほうにあり，ゆるみは入力をやめたときの反動として生じている。

　この点については，前にも述べたが，重要なところなので繰り返しておきたい。動作訓練ではリラクセーションそのものを直接的に目指して課題とする。このリラクセーションによって，自身のコントロール感や自体への安心感，信頼感といった体験をもたらすことができると考える。他の活動の結果，副次的にもたらされた動作法以外のリラクセーション法では，このような体験は生じにくいのではないだろうか。

　それと座位での腰の動きや立位の踏みしめといった課題を加える理由は，リラクセーションの状態にとどまることが重要なのではなく，その状態を土台として利用しながら，例えば肩を広く滑らかに動かすことや，腰を立ててスッと座ることが生活上においては重要であるということを伝えるためである。そのためにリラクセーション課題の後に動作の課題を体験してもらうことが多くなる。

　仮に刺激のない部屋で寝そべって，例えば音楽と呼吸法を利用してリラクセーションしたままでいることは，確かに悪くない時間と空間ではあるが，我々はそこで生活していない。日常には，活動や人や物事との関係があり，そこには否応なく緊張や動きづらさが生じる。それらに対してリラクセーションして応じながら，その人なりの生活（動作）を行っていくことが求められる。リラクセーションはそのためにある。リラクセーションをもたらす技法を身につけておくことは大事であるが，もうひとひねりの「それを利用しながら生活する」という目的を加えておきたい。

　動作法では，そのヒントを脳性まひ者たちからもらって，考察と試行錯誤を重ねてきた。意図的なリラクセーションをしつつ，そのリラクセーションを土台にしながら動くことこそが，脳性まひ者か

ら教えられ，動作法が重視してきたことである。

コラム

歩きながらゆるめる

人並みに肩や腰が痛くなることがある。腰痛はぎっくり腰も経験し，比較的若いときに悩まされた。肩こりは年々おつきあいが増えてきた。ストレッチなどの柔軟体操，サポーター装着，筋トレ，その他の治療法もいくつかやってみた。あくまでの個人の感想だが，もっとも効果的なのはウォーキングやジョギングであった。

一般には歩くことで体幹の筋肉がバランスよく刺激されるといわれている。あるいは適度な運動が血行を良くしているともいわれる。これもあくまで個人の感想だが，歩いたり走ったりすることによって，適度に身体の緊張を取っているように感じる。歩くことや走ることは手足や体幹を動かすことだが，動かすためには力を抜かなければならない。動きとリラクセーションの関係がそこにあるのではないだろうか。

3-4　タテ系を理解する

現在，動作訓練ではタテ系という言葉が一般的に使われている。タテ系動作，タテ系課題といった具合である。これは歴史的にいえば，80年代くらいから登場してきたらしい。タテ系の登場は動作訓練を大きく変えたといわれている。解説してみたい。

タテ系の登場

動作訓練の創生期の資料や伝聞によると，当時参加してくるトレーニーの多くは，今でいうところの軽度の肢体不自由者であったら

しい。自分で歩いて移動できている方が多く，少なくとも座位など
の姿勢保持はすでに獲得していた方が多かった。そうなると彼らへ
の動作課題は，動かしにくい部位のリラクセーションや単位動作が
中心だったと推察される。

　その後，動作訓練を受けにくるトレーニーの障害が，次第に重度
化していく。座位や立位といった姿勢をまだ獲得していないトレー
ニーが多く参加するようになってくる。このようなトレーニーに対
しては，それまでのトレーニーに行ってきた課題を実施するだけで
は，成果があらわれにくかったのではないだろうか。つまりリラク
セーションや単位部位の動作だけでは，身体をタテる姿勢の獲得に
はつながらなかった。そこで姿勢をいかに獲得させていくかが検討
すべきテーマとなり，その経過のなかで注目されてきたのがタテ系
という視点であり，それらがタテ系動作，タテ系課題として具体化
されていった。タテ系の動作訓練は，参加してくるトレーニーの広
がりによってもたらされたのだろう。このようなタテ系動作への発
展をもたらしたのは，重度の障害を持つトレーニーだった。

　タテ系とは

　ではタテ系とは何かといえば，ひとつには「この世界で合理的に
動作するための基準」と説明できる。この世界とは，床面と重力の
ある世界を意味している。この世界には，床に対して垂直方向に重
力線が走っている。このとき重力線から身体の各部位の位置が大き
く外れると，重力への対応努力は大きくなる。より倒れそうになっ
て踏ん張ったり，身体のあちらこちらを操作したりすることが求め
られる。この努力に多くのエネルギーを割かなくてはならないと非
合理的である。より合理的に動作するために身体の各部位や全体を
どこに置くかの基準となるのがタテ系と考える。重力線に沿うよう
な動作といってもよい。これがひとつの説明である。

　タテ系にはもうひとつの説明がある。それはさまざまな動作のう

ち「重力に押しつぶされないために行っている」動作の総称を指している。人は重力によって床に押しつけられている。そこで，重力に負けまいと床を利用して座位や立位の姿勢を保っている。この床を反発的に利用して姿勢を保つために行っている動作をタテ系動作と呼ぶ。もちろん人のあらゆる動作は重力と無関係ではなく，常に影響を受け，対応を迫られている。キーボードをたたく指も重力とは無関係ではないが，動作の主たる対象はキーボードである。ここではイスに座り姿勢を保持している動作のような，床や座面を使って重力への対応を主たる目的にしている動作を特にタテ系動作と呼ぶ。

　重力線に沿うような動作と，重力に対応して姿勢を保持する動作は重なりあう。ぴたりと重なるとき，動作訓練では合理的で理想的な動作とされてきた。つまりより直に近い姿勢で，重力に合理的に対応できている状態である。動作訓練では，これを重要な課題動作と位置づけてきた。そしてこの頃から，動作とは自体の意図的な操作であると同時に，自体の操作をしながら行う環境への絶え間ない現実対応であるということが明らかになった。重力という目に見えない環境が見えてきた。

　重力に対応する，重心を動かす

　環境への対応という意味では，動作訓練では「抗重力動作」や「応重力動作」という用語を用いてきた。人の動きはすべて重力という環境下で行われているわけで，例外はない。動作訓練はそのはじまりから多くの肢体不自由者を対象としてきたわけだが，その過程において，彼ら（自己）が身体（自体）の操作に難しさを持っているという理解に加えて，彼らは重力に対応することに難しさを持っているという理解に広がったのだと推測される。いかに重力に抗うか，いかに応じるかは，肢体不自由者はもちろん万人の身体運動にとって中心課題である。

　さてここで一歩進めると，抗うも，応じるも重力に対して受動的である。常に逃れられない環境として重力があり，重力への対応に追われている受け身としてのニュアンスがある。はたしてそれだけだろうか。

　動作訓練では，重心という用語もよく用いてきた。辞書によれば，重心とは「物体の各部に働く重力をただ一つの力で代表させるとき，それが作用する点。重力の中心」の意味がある。身体という物体全体にかかっている重力の中心（代表）点を重心ということができる。先に述べた座位の安定では，前後どこに重心があるかに応じて，適切な動作を行うと説明した。これは重力，重心への対応，受け身的である。

　一方で，人は重心を移動させることができる。動いてしまった重心に対応するだけでなく，意図的に重心を動かすこともできる。

　例えば，イスから立ち上がろうとするとき，脚の踏ん張りや膝を伸ばす動作をする前に，重心を前方に移動させる。コップに手を伸ばそうとするとき，効率的に手を伸ばすためにコップのある方向に重心をわずかに動かす。このように重心を先に動かすことで，続く動作がスムーズになることを身体は知っている。投てき動作では重心の移動を力強さに結びつけて，書字では巧緻性につなげている。重力の中心点である重心を使うという能動性をそこに見ることができる。

　動作訓練でのタテ系動作のねらいには，重力に応じられることがあるが，さらにそこに重心を自ら動かすことを加えることで，課題の幅は広がる。重心の意図的な操作によって，倒れないように動くだけでなく，よりスムーズに，効率的に動けるようになると考える。重力対応と重心操作の二つを動作課題として提案することができる。

二軸動作から考える

重力線に沿うような動作と，重力に対応して姿勢を保持する動作を見いだしたときに，関連して出てきたのは身体の軸という用語である。これも動作訓練ではタテ系動作の登場以降に使ってきた。

軸は，左右均等に正対した場合，いわゆるまっすぐの姿勢では，中心に一本イメージすることになる。これはあくまでイメージなので，個々によってとらえ方や鮮明さが違うことは前提であるが，この軸はイメージ上のもので，心理的な軸としておく。動作訓練では，従来はこちらの軸を身体軸と呼んできた。

一方，実際の身体運動は二軸と想定したほうが，さまざまな複雑な動きを理解するうえで有効といわれている。スポーツ科学の動作分析では，以前はやはり中心の一本軸を想定していたが，最近はもっぱら左右の二軸でその映像軌跡を描くそうである。例えば，歩行動作では，足裏から脚，股関節，臀部，腰や背を通って肩までの軸が左右二本あり，それらが交互に身体を支える軸となっている。跳んでいる脚の側は軸を前に移動させて，次の支えの準備をしているとイメージすることができる。

別の例では，座って行う手作業で，右手でモノを操作するときは少しだけ右に重心を移動させて，右の軸を身体の安定に使いながら，そこを起点にして右手を動かしている。左手を使うときには，やはり少し左に重心を移動させて，もう一本の左軸を活用したほうが操作しやすいことが多い。二つの軸を行き来するイメージを描けるだろうか。日常のさまざまな行為，例えば着替えや移乗や書字といった行為は，二軸動作として把握することができる。もちろん動作の仕方に個人差はあるだろう。その個人差も二軸の使い方として理解していくことが可能である。

二軸動作を課題にする

このように理解すると動作課題の細かい設定とその援助は少し変

56

わってくる。分かりやすいのは膝立ちでの左右への重心移動課題である。従来は，まず左右均等（いわゆる真ん中）の一本軸を想定して，まずそこを安定させることが課題であり，援助の仕方であった。そして安定したのちに，それを左右に動かしていくという課題の展開であった。ここでは真ん中から左右という順序である。さきほどの重心との関係でいえば，まず身体の中心付近に重心を置き，そこから左右に動かすということになる。

　一方，二軸動作の考え方では，まず左右どちらかに重心を移動させ，そこで感じられる軸を作ることが課題となる。左右それぞれで軸を感じながら，身体を支える動作ができてくることが課題のねらいとなる。そしてこの左右二軸での支える感じが出てくると，両方を適度にバランスよく使うことで真ん中が定まってくる。こちらは左右の軸ができると真ん中ができるという順序である。重心との関係でいえば，二軸の間を行ったり来たりと重心移動させながら，真ん中にも置けるということになる。

　動作訓練における二軸の動作からの理解と課題化はこれからの検討課題としていきたい。

4. 動作訓練の技術

　動作訓練に限らずあらゆる臨床技法には技術がある。心理療法の分野では，その一回性や即興性を強調してか，この技術をアートと呼ぶこともある。確かに動作訓練にもそのような側面を見ることはできる。一方，技術はスキルという呼び方もあり，スキルという言葉に含まれる「鍛錬によって習得された技量」という意味はやはり重要である。この両方の意味を意識しながら，動作訓練における技術について考えてみたい。

訓練がうまいとは

　成瀬先生を筆頭に，この領域には技術の研鑽や探求の文化があり，自分もその文化のなかにいた。動機は多々あるが，自然な気持ちとしてうまくなりたいと思ってきた。では「訓練がうまい」とはどういうことなのか，トレーナーとしてもスーパーバイザーとしてもいつもどこかで追求してきた。30年くらい動作訓練をやってきて，今のところの答えは「訓練がうまい」＝「相手に合わせること」になる。訓練がうまいとは相手の"動作"に合わせて，援助ができることと考える。

　とはいえ，このようなワンフレーズで技術の全体像を説明できるはずもない。以下にいくつかの要素をあげながら，全体として「相手に合わせること」について考えてみたい。

見立てる

　動作訓練ではインテークと呼ばれる開始のプログラムがあり，こ

こでは見立てを行う。動作訓練では，なにがしかの動作課題にトレーナーとトレーニーが協力して取り組むことになる。この動作課題を始めるまでが見立てということになる。

　動作課題を始めるところからさかのぼってみる。課題が始まる前には，課題が選択される。課題の選択とは，トレーニーにどのような動作をやってもらうか考えることである。課題となる動作の選択である。この選択はトレーニーにどのような動作が必要か，あるいは有効かという判断にもとづいている。判断の材料は，トレーニーからの訴えや要望，トレーニーの理解者や代弁者としての保護者からの情報や願い，なによりトレーニーの動作実態にある。時間経過通りにいえば，トレーニー（と保護者）と対話し，観察しながら情報を集め，必要かつ有効な動作を想像し，その動作をもたらしてくれる課題を選択していく。この一連を見立てと呼ぶ。

　単純な例でいえば，トレーニーが肩こりのつらさを訴えてくる。見た目にも肩に緊張が入り，触れて動かしてもガチっとしている。そこで慢性的に入っている緊張を弱めながら，上下と後ろ方向にスムーズな動作を身につけることが必要と考える。その動作をこの時間に取り組むことが肩こりに有効と想像し，そのような動作をもたらしやすい課題として，あぐら座位での肩開きと上下の動作の課題を選択する。このような見立ての一連が行われている。

　ここで重要なのは，肩こりだから肩開きと上下の動作課題をやりましょうと，実態と課題をマニュアル的に直結させずに，必要かつ有効な動作とは何かを想像することである。そのためには，ひとつひとつの動作がもたらす体験についての理解と，その体験をもたらしやすい課題となる動作を選ぶことが必要である。動作訓練の初心者が動作訓練を行う場合は，この見立ての部分をスーパーバイザーが代わりに担うことになる。やはり易しくはない。

　ちなみにこの想像は仮説を立てると言いかえてもよい。トレーニーの状態に対して，どの動作を提供すると良い方向に展開していく

と考えるのか，その動作はどの課題で提供できるのかと考える。あくまで仮の考えに過ぎない。見立てとは仮説生成の過程である。そして実際にやってみながら，この仮説が妥当であったかを検証していく。その意味では実践とその後の評価は仮説検証の過程ということができる。すぐれた仮説とは妥当性が高いことに加え，検証できることを指している。仮説生成，仮説検証のサイクルをまわしていける見立てが求められる。

　能動と受動

　動作訓練では，手や足などをトレーニーに接する。それらの役目について考えていくと，能動的な面と受動的な面が見えてくる。

　能動的な面とは，動作する部位や方向，力加減を伝える機能である。ちょうどベクトルのようで，トレーナーからトレーニーに矢印が向かい，矢印の始点や向き，長さが動作の部位や方向や力加減といった具体を示している。一方で，受動的な面とはトレーニーの動作を感じとる，読み取る受信器としての機能である。トレーニーの動作の意図や努力の仕方，注意の向け方，課題への取り組み具合，動きの向きや強さといった動作加減が伝わってくる。そしてこの能動と受動の機能はいつも同居している。

　具体例で考えてみよう。座位姿勢で肩の上下の動きを課題とする。まずトレーナーはトレーニーの両肩を持ち，両肩を上げる動作を伝えるだろう。真上に，両肩の動きをそろえて，ゆっくりと上げるようにという動作の仕方を，トレーニーに接している自分の手を通して伝える。能動的に課題を伝えながら，動作をリードしていく。トレーニーはこの動作の意図を受け取り，肩を上げようと努力する。そしてほぼ同時に，トレーナーは手に伝わってくる肩の動きからトレーニーの意図や努力の仕方，結果として表現される身体運動を感じ取る。そして必要があれば，もう少し上げよう，あるいはゆっくり，あるいは少し方向を変えて，と課題となる動作の伝え直しをし

ていく。能動と受動が出入りしながら同居していることが読み取れるだろう。

　次は難しい例をあげる。膝立ち姿勢で，お尻が引けて立っているトレーニーに「もう少しお尻を前に出す（股関節の前面を伸ばす）」という実施頻度の高い課題がある。この動作課題を行う場合は，トレーニーはお尻を前に出す動作がうまく身についていないことが多く，トレーナーは動作を教えるためにお尻を後方から前に押し出す援助をすることになる。能動的に課題動作を伝えながら，援助を提供する。そのときトレーニーはその援助を受け取りつつ，課題となる動作を行おうと努力する。一方で，トレーニーはお尻を前に出そうとしながらも，同時に全身的なバランスをとる必要にも迫られる。お尻や股関節の位置や力の入れ具合が変われば，それに上体を対応させなくてはならない。しかしそれらの複合的な動作が難しく，バランスの崩れへの反応として逆にお尻を引こうとする動作が生じることがある。

　さてトレーナーはこの動作の意味を受け取らなくてはならない。お尻を前に出すやり方が伝わらずにいると読み取ったならば，さらにお尻を前に出すよう働きかけるだろう。バランスの崩れが不安を生じさせていると読み取ったならば，一度，お尻を戻して全体のバランスをとるよう働きかけるだろう。この二つはまったく違う働きかけである。この違いはトレーニーのお尻を引く動作をどのように感じ取って意味づけたかによって生じている。お尻を前に出すように伝えながら，トレーニーの動作から受信していく作業を同時に行うところに難しさがある。動作訓練の重要な技術のひとつである。

コラム

「神の手・魔法の手」に思う

長く動作訓練をやっていると，たまに「先生の手は神の手ですね」

「魔法のようです」とおだてられることもある。以前は嬉しかったし，今でもいやな気分ではない。しかし，素直に褒めてもらっていると受け取ればいいのだが，別のことを考えてしまう。「先生のやり方はよくわからないです」といわれている気分になる。そこで，できれば「科学の手」と称されるようになりたい。

　科学には，再現や説明が可能であるとの意味が含まれている。援助している手の働きや意味やねらいを他者に説明できるレベルまで言語化し，伝えられるようにしたい。学びたい人，実践したい人が理解し，技術として使えるようにしていきたいと願う。神の手ではなんとも使いにくかろうと思う。

基本原則を知っておく

　動作訓練は心理学的な発想にもとづくリハビリテイションであり，トレーニーの心的活動である動作を対象としたものではあるが，同時に物的な身体を対象としていることも事実である。その意味では，身体の仕組みを知っておくことは欠かせない。ここでいう身体の仕組みは，複数のレベル，領域にまたがっており，筋肉や関節の名称から筋や腱の結合部位や機能，あるいは骨格の形状などあげればきりがないだろう。医学，生理学，あるいはツボや気脈のような東洋的な施術の知識もあるだろう。あまりに幅広く奥深いものがあるが，動作訓練を行う上で知っておくべき身体の仕組みとは，自分の身体を教科書として説明できる範囲でよいと考える。

　例えば，手指はこの方向には動く，こちら側には動かない。足首はこれくらい伸びて，膝や股関節を曲げながら足首を動かすと，伸ばしやすくもあり，伸ばしにくくもなるといったことについての知識である。

　実際の訓練場面で，援助する方向や力加減をトレーナーから問われることは多い。もちろんケガや不必要な痛みを回避することが絶

対条件であるが，一方では「あなたの身体が動くように，彼らの身体も動くと考えてください」とアドバイスをおくる。「迷ったら自分の身体で試してみて，不自然な動かし方や方向でないならば，まずは OK という判断をしてよい」という意味である。動かせる可動域は個人差が大きいが，関節の動く方向や仕組みは誰でも同じである。自分の身体で試すことのできる範囲の身体の基本原則を知っておくことは大事な技術である。

Eさん

　成人のEさん。現在は通所施設で日中を過ごしている。基本姿勢は臥位であるが，ときに身体を起こし座位姿勢を取ることができる。うつむき気味であるが，周囲を見渡し，ニヤリと笑う表情がスタッフからの一層の声かけを引き出す。

　身体の部位でいえば，左の足首，右の股関節から脇腹，左の肩と首にいわゆるかたさがあり，動きにくい。トレーニーの身体の状態を理解するときに，対角線に緊張部位が配置されることが多いことを知っておくと便利である。ある程度，予想をして観察や触って動かしながら見立てをしていくことでトレーニーの全身的な身体の理解がしやすい。これは知っておきたい基本原則のひとつなのだが，この状況がなぜ生じているかまで理解を進めたい。

　Eさんの緊張や動きにくさを単なる部位の特性として見るのではなく，Eさんという主体の活動の仕方とみていく。Eさんは身体を起こして座るときに，右の股関節が開きにくく，かつ右の体側の脇腹も伸びにくいため身体が右に傾こうとする。それを左の肩まわりでグイッと倒れないように引き上げ，その重心位置に首を合わせて顔を上げようとする。このように理解するとEさんの対角線の緊張が，必然のあらわれとして理解されていく。

　このような理解で行われる訓練では，動きにくい部位を動きやすくする，かたいからゆるめようといった狭い目標設定と課題選択に

はならない。Eさんの座りをより発揮できる目標設定のうえで，必要な部位のゆるめと座位の安定動作という課題の選択ということになるはずである。

トレーニーの身体の特徴やあらわれを，主体の活動として見ることが，理解を深めることになる。

身体はシステムである

Eさんの事例が教えてくれる基本は，身体はひとつのシステムであり，各部位や動きはつながっているということである。このことは，意外に意識されないようで，部位や動きを切り離してみてしまうことがある。

例えば，肩が緊張してきついという実態があるとき，動作訓練では肩だけを実態把握することはしないだろう。座位や立位時の全身的な使い方，バランス，重心の位置などは肩と関係が深い。姿勢としては，猫背や首の位置，腰の立て方は特に肩と関係しやすい実態である。

経験があるかもしれないが，足をねん挫などで痛めると，数日後にはその他の身体部位にコリや痛みが出てくることがある。動かしにくい部位を他の部位でカバーしているからである。

最初から，トレーニーのシステム全体を把握するのは難しいかもしれない。それなりに知識や経験が必要である。しかしある部位で把握した実態を他の部位や身体というシステム全体と結びつけて理解しようとする視点を持つことは初心者でも可能である。ぜひ心がけてもらいたい技術である。

Fくんの母親

両下肢のまひがあり尖足気味の歩行が特徴的なFくんとその母親は訓練会に参加するようになって5年以上である。毎回，熱心に取り組んでいる。

この日，Fくんの通う学校の先生が訓練会に参加してくれた。高等部に入学して間もなくの頃である。これまでの学校での様子と，この訓練会での取り組みについて情報交換する中で，母親に〈長時間の立ち仕事（作業学習）やこれまでより伸びた通学時間によって，Fくんのどこに負担がかかると思いますか？〉と尋ねると，「肩と腰に（負担や痛みが）くると思います」と即答だった。尖足である足にももちろん負担はかかるが，Fくんも自分の足のベテラン使い手であり，そこは何とか対応するはず，むしろ新しい生活による負担や疲れは，足以外の部位にあらわれると考えたようである。そこにはFくんの性格やがんばり方まで含めた，広くて深い理解があったはずである。母親ってすごい！ と感嘆した。先生も，Fくん以外にもあてはまる大事な見方を持ち帰ることができたに違いない。

動作を分析する

次の技術として，動作を分析することをあげておきたい。上で述べた基本原則を使いながら，トレーニーの身体の各部位の位置，緊張の入り方やかたさ，重力との関係，まとめていえば姿勢と動きを分析的に理解する。このとき「見ること」は代表的な情報収集の方法であり，「手ごたえ」や「手触り」は動作訓練の特徴的な収集方法である。それともうひとつ，自分の動作を感じることで相手の動作を読むという方法があることをあげておきたい。自分の身体を使って検証するのは動かす方向や仕組みだけではなく，他にもあらゆる動作が対象となる。トレーニーの動作を分析する際に，自分の動作を参照することは大いに役立つ。

カウンセリングの領域で「共感」は外せない技術のひとつである。この技術は態度でもあり，哲学でもある。10人いれば10通りの共感論があるのではないかと思うほど，各派，各人が論じてきた。そのなかのひとつの共感論で，実は感じ取っているのは相手の感情や体験ではなく，自分を相手の語りやあり様に重ねながら，自分のな

かに沸き起こる自分の体験を感じ取っているという説明に触れたことがある。感情や情動の共感，共鳴においても同様の説明があった。他者のそれを読み取っているのではなく，自分のそれを感じているに過ぎないとあった。

　共感とはこれが正しくて唯一の説明ではないとは理解してはいるが，「相手のことを感じ取らなくていいのか，自分のそれでいいのか」と腑に落ちた感覚を得たことを覚えている。動作訓練の初期のテキストのなかにも「内動」という言葉があり，相手に入り込んでいくと思わずつられて身体が動く，きゅっと力が入るなどのトレーナー側の動作感覚を指している言葉と理解していた。この共感に近いものだといえる。

　動作訓練ではトレーニーの動作を読み取り感じ取ることは欠かせない。援助は一方的な伝達ではなく，受動的な機能を合わせ持つ。動作意図に続く努力の仕方，実際にあらわれる身体運動，動作の体験，伴う体験，これらを瞬時に，さらには時間経過のなかで，読み取ろうとする。経験や力量がましていくと，読み取りたいポイントも増えてきて，より情報量は多くなり，複雑化する。ときに処理不能になることもある。このときに一度，自分の身体，自分の動作に置き換えて読み取ってみる。上でいうところに「共感」的にトレーニーの動作や体験様式をなぞってみると動作がすっきりと読み取れることがある。このように自分の動作も使いながら，トレーニーの動作を分析することも，技術のひとつである。

　課題を選択する

　動作訓練では，ひとつのセッションで複数の動作課題を行うことが多い。これらの課題はトレーニーからリクエストされることもあるが，ほとんどはトレーナーが選択して実施している。ここには課題を選択・決定するという技術がある。

　トレーナーが課題を決定するには，医者が患者の症状を見立て，処

方をするように，「何がトレーニーにとって必要・有効かを見立てること」と，「どのような課題がふさわしいかを選択すること」の二つが必要である。前者の見立てについては，前のところでも述べているので，ここでは後者の課題を選択することについて述べたい。医者の処方になぞらえるならば，例えば何かの薬を処方するには，その薬がもたらす効果（薬効）を知っておかなければならない。動作訓練でいえば，それぞれの課題がもたらす効果を知っておくことになるだろうか。ある課題についてそれが何に有効で，どのような体験をもたらすものかを整理しておくと，課題の選択を助けるかもしれない。あるいは課題間で比較しておくことも整理になるだろう。

課題同士を較べてみる

具体的に，肩回りのリラクセーションの課題は動作訓練でしばしば選択されるが，その代表的なやり方である側臥位での躯幹のひねり課題とあぐら座位での肩開き課題を比較しながらそれぞれの課題の特徴について整理してみる。

躯幹のひねり課題は，側臥位から上体を仰向けになるようにひねる動作であり，全身的なリラクセーションをもたらしやすく，汎用的な課題である。この全身的なリラクセーションには肩回りも含まれ，肩が内側に閉じるように緊張している場合（猫背タイプ）や，背面の肩甲骨周辺が動きにくい場合に有効である。この課題の特徴は，ひとつには側臥位という姿勢緊張から解放されやすい姿勢を基本姿勢にしているので，リラクセーションに向かう努力が生じやすいことである。側臥位から上体をひねっていく動き出しは難易度が低く，どんなに緊張の強いトレーニーでもある程度の動きの幅やゆるみの手がかりを持っているので，この点でもリラクセーションに向かいやすい。そのような特徴から導入の課題にもなりやすい。肩が床に着くように努力していく過程は，それなりの努力量を持っていることから，じっくり取り組める課題になりやすいという特徴も

ある。一方では，上体全体をひねるという大きな動作が対象であることから，肩に特化して焦点をあてたり，力を抜いたりすることは，ややりにくい。全身的なリラクセーションという特徴は，やりやすさという長所と絞りにくさという短所になる。また側臥位という姿勢を取ることに難しさを持っているトレーニーの場合は導入しにくいこともある。対人的，場面的な緊張が強いトレーニーではこのようなこともある。

　あぐら座位での肩開きは，安定した座位姿勢から両肩甲骨の間をすぼめるように動かす課題である。前からみれば肩を開いているように，後ろからみれば肩をすぼめているように見える動作である。肩甲骨周辺や鎖骨のあたりを動かしながらゆるめ，肩の可動域の広がりを体験できる。この課題の特徴は，肩の動きに焦点をあて，首や背，腰といった周辺部位をできるだけ動かさないように努力することにある。肩だけを動かそうとすることで，自分が普段力みすぎていることや，他の部位の動きと混同していることに気づくことができる。またそれらの気づきに伴って，必要なだけ力を入れて動かすコツや，入れた力を抜くやり方が習得され，肩回りのリラクセーションをもたらしてくれる。特に座位姿勢を保ちながら肩を動かすという体験によって，動かす部位と動かさない部位を分けるコントロール感も味わうことができる。一方，このように部位を分けて動かすことの難易度は高めである。肩を動かすつもりが背や腰に力を入れてしまったり，逆に力が抜けすぎたりして座位姿勢まで崩れてしまう。関連していえば，座位姿勢を保っておくことが難しいトレーニーの場合では，導入しにくいことになる。

　もたらされるリラクセーション体験も両課題では特徴が少し異なってくる。躯幹のひねり課題では，深い全身的なリラクセーション体験になりやすい。あぐら座位での肩開きでは肩回りに限定した動きやすさといってもよいリラクセーション体験になりやすい。

課題の違いはトレーナーとの関係にも

　トレーナーとの関係や援助という視点でも両課題は比較できる。躯幹のひねり課題は、トレーニーひとりで床方向に向かう動きをやり続けるのは難しいため、トレーナーの援助が比較的多く提供される。そのためトレーナーが動作を提示して、それにトレーニーが応じるという関係になりやすい。またじっくり取り組める量があるという意味では、共同的な関係でもある。あぐら座位での肩開きでは、基本的にトレーニーが肩を動かそうと自発し、その動かし方をトレーナーがモニターしながら援助することになる。トレーナーの気づきを返したり、望ましくない動きを手と声かけで指摘したりする役割を担うことが多い。躯幹のひねり課題に較べると、トレーニーのほうが主導的な役割を担いやすい。

　このように課題の特徴を整理して理解しておくことが、課題の選択に役立つ。肩回りの動きに課題があることを見立てとして、今このトレーニーにとってより適した課題はどちらなのか選択することができる。

課題を構成する

　複数の動作課題をセッションで行うということは、その課題間につながりや関係があることになる。ここでは課題を構成すると呼ぶ。構成の仕方にはいくつかのタイプが考えられる。二つ以上の課題の関係でいえば「得意から苦手へ」「リラクセーションから動きへ」「ある動作を異なる姿勢で」などが思いつく。

得意から苦手へ

　ここでいう苦手や得意はトレーニーが抱いている課題に対するイメージである。実際の課題の難易度そのものではない。例えば立位で左右に重心を移動して、足裏から脚、腰、上体を一本の軸のようにして踏みしめる動作では、得意な側、苦手な側が必ずといってい

いほどある。そのとき苦手側では踏みしめ感が体験しにくく，模索的に努力してもなかなか「これだ」という動作体験が得られにくい。そのときに得意な側に戻り，そこでの動作の感じを苦手側でも再現しようと構成することがある。得意の側での動作の感じを苦手側に持って行こうとする。実際にはなかなか持っていくことは難しいのだが，手がかりがないよりは取り組みやすい。あるいは得意側でトレーナーから「上手」と褒められた気持ちの勢いをもって，苦手側に取り組むというようなことも，年齢の低いトレーニーの場合は必要である。特に動作上大きな左右差を持っているトレーニーの場合，どうしても課題が苦手側に偏ってしまい，そのことが訓練に取り組む動機づけを損ねることも少なくない。「得意から苦手へ」は「できた！ から挑戦へ」と言いかえてもよいだろう。

リラクセーションから動きへ

この構成はトレーニーの動かしにくさが生じている要因を，その部位の慢性緊張や付随緊張の強さにあると見立てた場合に組み合わせる典型である。例えば座位姿勢で背中が丸まっていて，縦方向に伸ばす動作に取り組みたいのだが，その周辺部位も含めてがっちりと緊張が入ってしまい，動かしづらいときがある。そのようなときに例えば背反らせや躯幹のひねりといったリラクセーション課題でまずは慢性緊張を低減しておいて，そこを動かそうとつなげていく。あるいは足首が尖足気味にかたくなって，足裏全体で体重を踏みしめにくいときに，まずは臥位や座位姿勢で足首のリラクセーションを行い，続けて立位姿勢のなかで踏みしめる課題に取り組むことがある。このような「ゆるめて（から）動かす」は動作訓練でよく構成される課題である。これはゆるめただけでは動作獲得につながりにくいという経験知にもとづいている。障害のない定型発達者の場合は，ゆるみによって広がった可動域や動きやすさを，自分で身体運動に取り入れていくことがある程度はできるが，動作に不自由の

あるトレーニーではここが難しい。実際に，ゆるめた部位を使う動作まで含めて課題を構成しないと，動作の変容にまで至りにくい。そこで「ゆるめて動かして，またゆるめてさらに動かす」という課題構成が主流的に使われてきた。

ある動作を異なる姿勢で

この構成は，同じような動作体験を異なる姿勢で取り組むという意味である。例えば，左右に重心移動して床の接地面への踏ん張り感を感じることとそのときの全身的な協調動作は，動作訓練では踏みしめ動作の体験としてねらいにすることが多い。この体験は，あぐら座位，イス座位，膝立ち，立位で取り組むことができる。もちろん姿勢が異なるのでまったく同じとはいえないが，体験としては近いものになる。同じようなニュアンスで，座位姿勢でうまく姿勢が整えられて，すっきりと身体を起こす動作ができたとき，この動作の感じが膝立ちや立位という異なる条件でも体験できるよう，課題姿勢を変えるときもある。座位，膝立ち，立位ではそれぞれ床との接し方が異なるが，やはりつながっていくものはある。この他にも腕上げ動作を臥位と座位で行うこともある。これらはある動作を条件変更しながら取り組むという課題構成となっている。

このように動作課題を構成やつながりとして整理しておくことは，実際のセッションを進めるときに役立つだろう。実際のセッションは，例えば50分という時間枠を持っているし，一日のなかで数回行うこともある。これら全体を課題構成できるようになることも技術のひとつである。

動作を使ってやりとりする

動作図式にあるように動作は意図に始まる。少し言い方を変えると，動作には主体者の意図が含まれている。ということはトレーニーの動作を読み取る，あるいは感じ取るということは，トレーニー

の意図を読み取る，感じ取るということになる。

　重度といわれる障害をもち意図の表出やコミュニケートする力が微弱なトレーニーがいる。関わる者は，精いっぱいの働きかけをしながら，同時に目線や口元の動き，わずかな顔の動きなどの表情から心の動きを読み取ろうとする。例えば音楽やモノの提示を使って視聴覚に働きかけながら，顔を中心に全身の反応をつぶさに観察する。働きかけと反応が随伴したとき，それをトレーニーの反応として，心の動きを読み取ろうとする。

　動作訓練では，これらを動作で行うことができる。例えば，トレーナーがトレーニーの手を持ってちょっとだけ伸ばそうと働きかける。抵抗なくスッと他動的に伸びてくる（ついてくる）ときは，反応がないと読む。ちょっと抵抗感があったり，逆に伸ばす動作が出てきたりしたときには，そこにトレーニーが応じているという意図を読み取る。

　首のすわりがまだ十分には難しいトレーニーを横抱きにして身体を起こし，前傾させてみる。すると首を支えようとする動作が引き出されるときがある。さらに後傾したところからもう一度前傾させてみる。またフッと力が入ってくる。倒れまいとする意図をそこに感じることができる。同じような，あるいは違う動きでもそこに何らかの動作が生まれていれば，それは意図の発現と読む。

　最初は，偶発的であったり，刺激－反応的であったりしても，繰り返しのなかで動作が確固としたものになってくる。意図が強さのようなものを持ってくる。トレーナーの思い込み的であったものが，徐々にトレーニーの意図を含んだ動作として読み取れる可能性を持ち始める。可能性はやりとりを広げるチャンスとなる。

　このような重度のトレーニーとのやりとりを体験しておくことは，トレーナーのやりとり技術を引き上げてくれる。動作を使ってやりとりするという技術が見えてくるだろうか。それは動作のやりとりを使った，意図のやりとりである。この技術は，表出の発達が

ゆっくりのトレーニー（例えば重度重複障害），やりとりがかみ合いにくい社会性の困難さを持っているトレーニー（例えばASD），他者と活発にやり取りするのが苦手なトレーニー（例えば緘黙）に使うことができる。

Gくんとのやりとり

　Gくんは小学校高学年の脳性まひを主とした重度重複障害といわれるトレーニーである。人が好きで，声をかけたり，近づいたりするとニコッと笑ってくれる。なぜか男の人の声がお気に入りである。

　Gくんは全身的には低緊張がベースで，姿勢を保持することが難しい。足首や肩には慢性的な緊張も見られ，カチッとした感じもある。動作訓練では，この慢性緊張をまず一緒にゆるめていく。ベテランのGくんは神妙な面持ちである。

　次に，支えながら座位姿勢の保持に挑戦する。肩や背中を援助していると，首が安定し，自分でぐっと前を見ることができる。このとき笑う。ただし，ふだんの声をかけたときの笑顔と少し違っているような気がする。前方の視野が開けて「自分で見ている」という体験と，「自分の身体を支えている」という体験が重なっているように感じる。関係のなかではGくんが「見て，座っているよ」と言っているように感じる。思わず，〈ハイ，もう一回〉と頑張らせたくなる。

　動作をともにしながらのやりとりは楽しい。見る，聞く，話す，動作するである。

動作訓練における声かけ

　動作訓練ではトレーニーへの主たる援助手段はトレーナーの動作であり，言語的な援助（声かけ）はあくまで補助的であるとされてきた。とはいえ実際には声かけのない訓練はあり得ない。あらためてその意味を掘り下げながら，効果的な声かけとは何かを考え，技

術としての声かけについて考えてみたい。

声での援助が補助的である理由

　動作訓練において，声かけがあくまで補助的であるとされた理由は，２点に集約できるだろうか。ひとつはトレーナーが課題となる動作をトレーニーに伝達する際に，その最良の方法は動作で伝えることであり，言語はあまり効果的でないという実践から導かれた結論がある。表現を変えると，言語での説明はトレーニーの動作習得・実行にあまり効果がないというべきであろうか。

　まず前提として，課題となる動作とはトレーニーにとって難しく，まだ未習得な動作であることがほとんどである。どこに（どの部位に），どういう組み合わせで，力を入れたり抜いたりしたらいいのか，つまり努力の仕方が分かっていないということになる。そしてこの分からなさは動作上の分からなさである。ここで言語的な指示を丁寧に提供して，それが言語としては理解できたとしても，動作上に反映できるかどうかは別であると経験的に確かめてきた。例えば，腰にうまく立てる力が入らずに座位姿勢が十分には起きてこないトレーニーに，「腰を立ててごらん。そのときに胸は開くようにして，合わせて顎を引きながら頭をのせてみて。肩や首には力を入れすぎず……」と伝えたときに，確かにこの指示は間違ってはいないだろうが，あまり役には立たない。このようなことは我々も子どもの頃から多く経験しており，スポーツや楽器演奏の指導を言語的にされても，実際のパフォーマンスにつながりにくいことはよく知っている。「分かる」と「できる」はたいてい別物である。言語的理解は動作遂行の一助にはなるが，さほど促進的ではない。「言語指示で理解した動作を，自分の身体の動きイメージに変換して，それに沿うように動作すること」は，「動作で伝えられた動作を，そのままイメージに残し，それに沿うように動作すること」より難しい。

　もうひとつの理由は，動作するときの声かけが，動作への集中に

阻害的に働くことがあげられる。表現を和らげれば，阻害すること
もあるというべきであろうか。定型発達の子どもでいえば，あくま
で目安であるが，3歳くらいから運動と聴覚や視覚からの情報は相
互に助け合う。「よいしょ」と言いながら立ち上がったり，目標物に
向かって走ったりするようになり，それがパフォーマンスを高める
ことに作用する。一方，発達に遅れがあったり，視覚や聴覚の使い
方に偏りがあったりすると，特定の刺激に引っ張られやすく，とき
に相互に邪魔をする。例えば，3歳くらいの幼児が，積み木を積ん
でいて，慎重に集中して，目と手を使っている。このとき運動と視
覚は相互に助け合っている。しかしここでお母さんが「上手ね〜」
と大きな声をかけると，その子の集中と目はお母さんに引っ張られ，
手が目標を失い，ガチャンと落としてしまうかもしれない。声が運
動を邪魔してしまっている。

　ときに動作遂行や課題への集中を阻害する可能性があることは必
要な視点である。このような理由から，動作訓練では声かけをあく
まで補助的な位置に置いてきた。

　効果的な声かけとは

　ここまでを踏まえて効果的な声かけとは何かとまとめれば，それ
はトレーニーの動作の実感を促進するものといえるだろう。具体的
には，擬音語，合図，フィードバックがあげられる。

　擬音語は立位で踏みしめるときの「ギュー」や座位での背中の動
きでの「シャキン」のように動きのイメージを助ける。動作の説明
ではなく，動作そのものの擬音化である。

　合図は「せーの」や「ハイ，どーぞ」のように動き出しを助ける。
肢体不自由者では動き出しが難しいことが少なくなく，音声による
促しでふっと動きを引き出す働きがある。またトレーナーとタイミ
ングを合わせる，息を合わせるという意味もあるだろう。

　フィードバックは「そう！　上手」「もうちょっと」「待って」な

ど動作の結果に対して短く提供される。言葉が通じない外国のトレーニーに動作訓練をしたとき，日本語でいうところの「上手」「いい子」「もう一回」くらいが使えれば訓練は問題なくでき，後は「上」と「下」あたりを使った記憶がある。いったん言葉に頼らずに取り組むことをスタート地点として，そこから促進的に働くものだけ加えていくのが声かけの基本的な技術と考える。

覚えている技術

　実際の動作訓練では，同じ課題を数回繰り返すことがほとんどである。ある課題動作をトレーナーから伝え，援助しながら実施，さらにもう一度，少し援助を減らしながらもう一回……と進んでいく。これはセッション内での繰り返しだが，セッションや日をまたいで繰り返すことも多い。このときトレーナーに求められるのは，セッション内ならば，開始時や直前の動作の様子を覚えておくことであり，セッション間ならば前回の開始時，あるいは終了時の動作の様子を覚えておくことである。

　覚えておくことの意義は，前の動作と今の動作を比較できるところにある。この比較から生み出されるのは，二つの評価である。ひとつはトレーニーの動作に対する評価であり，もうひとつは自分の援助や課題の適切性の評価である。比較のなかで，課題となる動作が前のそれよりも達成されていれば，それはトレーニーへの賞賛につながり，自分の援助が適切であることをフィードバックする。比較しても動作に変化がなければ，課題の難易度や伝え方，援助の仕方に工夫や改善が必要ということを，その結果が教えてくれる。

　この覚えの手がかりとして用いるのが，視覚的な情報とトレーナーの援助する手に伝わってくる動作であるが，圧倒的に，手で感じた動作のほうが覚えていられるし，正確である。手で感じる動作の情報は，例えば躯幹のひねりというリラクセーション課題でいえば，援助している手にかかる圧が軽くなる感じや，自分の手がトレーニ

ーの身体と一緒に床に近づく動きとしてもたらされる。つまりトレーニーの動作の情報を自分の身体の感じと合わせて覚えていく。自分の身体の感じを記憶している。だから覚えていられるのである。見た目の情報はトレーニーの動作であり，自分の情報ではない。これでは実感に乏しいため覚えていられない。手がかりとはよくできた日本語である。

　さて，この手の感じからの情報を得て，覚えておくことを助けるのは，自分の援助の仕方が安定していることである。援助姿勢，手や足のあて方，トレーニーとの位置関係などが，トレーニーの身体の大きさや状態によって微調整はするものの，基本的に同じ＝安定していることが覚えを助けてくれる。同じ手順，同じ手続きによる安定した観測だからこそトレーニーの動作という情報が記憶されやすいし，比較という活用につながる。安定した援助という技術が，覚えているという技術に正確性をもたらしてくれる。

　援助を減らす技術
　動作訓練では，同じく課題を数回繰り返し，ときに少し援助を減らしながら……と述べたが，この援助を減らすというのも技術のひとつである。
　前のところでは，援助が安定している＝基本的に同じようになるという技術について触れた。もしかすると，そのことと矛盾を感じるかもしれないが，手のあて方や身体の位置などの基本的な援助の仕方は同じであっても，あてている手の強さや促し方はひとりひとりで異なっている。トレーニーの動かせる範囲が狭く，動き出しに自信がなさそうなときには，少し強めに方向を出してあげることもあれば，最初の方向だけ援助が必要なこともある。逆に最初は援助しなくてもいいのだけど，途中から援助が必要になることもある。このように援助の内実は微妙に異なっているわけだが，基本の原則は減らしていくことになる。トレーナーが援助を減らしていくこと

は，トレーニーが自力で自律的に動作することと表裏一体を成している。

　こんな様子が観察される。歩行動作の援助の際に，トレーニーがバランスを崩しそうになってぐっと支えることがある。するとトレーニーは支えられた手の方向に身体を委ねてしまい，より倒れそうになることがある。別の例では，座位で肩の開き動作をやっている際に，最初トレーナーがしっかり援助し，それなりにトレーニーの動きも生じているように感じられる。そこで援助をすべてやめてしまって，口頭で「さあどうぞ」と促すも，まったく動かないということがある。前者は援助をしすぎるとトレーニーは動きにくくなるという例であり，後者は援助が少なすぎても動きにくいという例である。

　援助の量の基本的な流れは，「前半は多め，次第に減らす」ということであるが，前半の多めのときにどこを減らせるかを見極めなくてはならない。方向なのか強さなのか，動き始めなのか途中からなのか，声かけに代用できるところはあるのか，前で述べた毎回の比較を利用しながら，減らすところを探し，試し，検証していく。

　繰り返しになるが，トレーニーの動作が上達していく過程は，トレーナーの援助が減る過程と同義である。いかに援助するかに加えて，いかに援助をしないか＝減らすかを考えることが重要である。

コラム

若い頃の思い出

　一日に何セッションか取り組んだり，複数のトレーニーを担当したりすることがある。若いときには訓練の時間が増えると，身体が疲れた。筋肉痛や腰痛などもしばしばだった。それが年を重ねてからのほうが疲れにくくなった。施設や外部の訓練会に招かれての訓練では，数時間にわたり訓練を続けたり，何人ものトレーニーと訓

練したりすることもある。しかし身体へのダメージは若いときのほうが大きかった。

　年を重ねて，援助を減らせるようになったし，トレーニーの動きを引き出し，それを信用できるようになったのだろう。上手くなった，だから援助が楽になったのだと思う。

　しかし本当は技術的には今くらいで，身体は若いときのままだったらどんなにいいかと思う。

　　自分を見る技術

　実際のセッションでトレーナーはこれまで述べてきたようなさまざまな役割を担い，種々の援助を提供することになる。特にビギナーの頃は，手も足も頭もフル回転で大忙しであった。目の前のトレーニーに対応するだけでも大変ではあるが，もうひとつ対応できるようになりたいのは自分自身に対してである。

　対人援助の領域ではしばしば先達が，自分を把握すること，自分の関わりをアセスメントすること，俯瞰的に自分を見ること，自分のなかにある感じを大事にすることなど，さまざまな視点と表現でこのことを指摘してきた。これらの意味するところは深く広い。そのすべてをここで説明することは，力量を超えるので挑戦しないが，動作訓練におけるトレーニーとの関係の取り方について少し触れてみたい。

　動作訓練は，トレーナーとトレーニーの関係のあり様に特徴がある。物理的距離の近さ，身体接触を伴うこと，課題選択や課題遂行がトレーナー主導で行われること，非援助者と援助者という役割が明確なことなどがその特徴である。具体的にいえば，まずトレーナーが選択・決定した課題をトレーニーに伝え，それに取り組むように求める。課題動作の的確さの基準や到達目標はトレーナーが持っている。トレーニーが課題に取り組む際には，トレーナーの援助を

受け入れることが求められるし，その援助に従うことが「よし」とされる。全体の進行状況もトレーナーが管理している。これらが極めて近い距離で，身体を触れながら行われる。トレーニーは動作に不自由さや障害を持っている人であり，トレーナーは持っていない。このようにあげていくと動作訓練におけるトレーナーとトレーニーの関係の非対称性や不均衡さ，それによって生じうる危うさについてあらためて気づくことができる。

　だからこそトレーナーはトレーニーにとって自分がどのような存在になっているのかを意識的に感じ取らなくてはならない。不必要に支配的になっていないか，過度に侵入的で，失礼な接し方になっていないか，怖がらせていないかなど，普通の人間関係の持ち方の感覚でよいので，自分を見ることが必要である。これらは技術以前のマナーの問題であるが，同時に技術でもある。

　適切な関係のもとでこそトレーニーは動作課題に取り組もうとするし，努力し，続けてくれる。トレーニーとの関係という視点から，自分を見る技術をあげておきたい。

　自分の援助を把握しておく

　先の自分を見る技術では，トレーニーとの関係において自分がどのように振る舞って関係を構築しているかについて話題とした。いわば心構えとしての自分である。これと同時に，具体的な事実として自分がどのような援助をしているのかを把握しておく必要がある。

　さらにひとつ前に援助を減らす技術について述べたが，自分の援助が把握できていなければ減らすも増やすもやみくもなものになってしまう。自分がトレーニーの肩にあてた手は物理的に何をしているのか。自分の意図としては，何を伝えているのか，何を支えているのか。トレーニーにはどのような意味をもたらしているのか，など把握すべきことは数多い。援助はトレーニーの状態に応じて提供されるものであり，しかも思わず援助している手に力が入ったり，

方向がブレてしまったりと，こちらの援助も動き続けている。援助を把握することの難しさの一因である。

　自分の援助を把握しておくことは，実は自分の身体の動きを把握することに他ならない。単純化すれば，自分の手足がどのように動いているかを分かればよいのである。援助を，対トレーニーの行為ではなく，単純に自分の動きであると，視点を切り替えてみる。自分のことだから分かりやすいはずである。もちろん単純なことほど難しいのはいうまでもない。

正しい動作という誤り

　ある研修の時間に，このような場面があった。受講生がペアになって，座位での肩上げ課題に取り組んでいる。トレーニー役の受講生は，片方の肩を上げるのに苦労しており，腰に力みが入り，重心が動かしたい肩の側にずれていた。言い方をかえれば，そのような努力をしながら，なんとか肩を上げようとしていた。トレーナーはそれらの努力に気づきつつ，それが肩だけを上げるという達成目標からすれば逸脱していることも分かりつつ，トレーニーの肩の動きを援助していた。そのときのトレーナーはこの上げ方でも，トレーニー役にとっては難しい課題になっているから，十分ではないかと考えていた。

　そのとき講師役のスーパーバイザーから，「腰が反っているよ。重心もずれている。だからそれではダメ」と指摘が入った。つまりその動作は正しくないと指摘がなされた，そこでふたりの受講生は仕切り直しをして，再度，それらに気をつけながらより高難度の課題動作に取り組むことになった。結果的には，最後までうまくできなかった。

　この指摘は理想的な正しい動作を教えるという意図だったのだろう。しかし実践場面を想定した研修ということを考えると，その意図に疑問符をつけざるをえない。少なくとも「今は研修だから腰や

重心に不随意の緊張が入ることに気をつけて肩を上げましょう。でも実際のトレーニーとの実践では，このトレーニーにとっての最適課題とは何かを考えましょう。それは必ずしも肩以外を動かしてはならないということではありません」と解説すべきだったと考える。あるいはこの話題を受講生と一緒に深めた方がよかっただろう。

　ときに動作訓練のなかで「正しい動作」という言葉が使われることがある。おそらく「動かしたい部位だけが最小限のエネルギーで動き，重力や環境に沿っている動作」という意味で使われている。先の講師はこの意味での正しい動作を教えようとした。しかし万人に共通した正しい動作というものが本当にあるのだろうか。

　実際に動作訓練に取り組むトレーニーは障害をはじめさまざまな制限や条件を持っている。だからこそ訓練を必要としている。幼いときから使い込んだ身体があり，歴史的な工夫や適応努力による筋緊張，動きにくい身体部位，クセの動き方など多種多彩である。その身体で行う動きは，上の意味でいえばほとんど正しくない。力みや付随緊張などが入りまくっている。障害がないといわれる者もしかりである。しかし彼らも我々も，その身体や動作を使って日々生活をし，生きている。

　動作訓練は生きている人と人の具体的な営みである。仮に正しさを問うのであれば，正しさは彼らひとりひとりに個別にあり，正しさの評価は彼らが自分でやるものではないだろうか。訓練場面でいえば，トレーナーとトレーニーの折り合いのなかにあるのではないだろうか。観念的な正しい動作が先行することには弊害が少なくないように感じる。これについては最後の章でまた触れてみたい。

　あらためて相手に合わせる技術

　相手の“動作”に合わせて，見立てができ，援助ができることを「相手に合わせる」技術と考える。動作訓練には，基本となる課題の型や進め方，身体の動きの基本原則など，習得しておくべき事項は

もちろんある。しかし，それらの基本事項をトレーニーが誰であろうと実施していくことだけでは技術の進歩はない。関係のなかで柔軟に変更なされなければ，優れた技術とはいえない。

相手に合わせるは，見立て，課題の遂行，評価のすべてにわたる。単なる援助技術だけでなく，理解の仕方や接し方，援助者としての態度も含む哲学である。哲学を具体化したものを技術という。それは動作訓練がずっと大事にしてきたことである。

だからこそ動作訓練は，理論的にも技術的にも変化をし続けてきたし，これからも変化を続けていくだろう。相手があるのだから変化するのは当然である。

コラム

動作訓練と守破離

「守破離」とは，剣道や茶道などの修業における段階を示したものである。「守」は師匠や流派の教え，型，技を忠実に守り，確実に身につける段階である。「破」は他の師や流派の教えについても考え，良いものを取り入れ，心技を発展させる段階である。「離」はひとつの流派から離れ，独自の新しいものを生み出し確立させる段階とされる。

動作訓練の修得過程も同じようなものだと思えてきた。先日，初めて訓練会に参加した大学生から「どうやったら自分でトレーニーの目標や課題を設定できるようになるのか」と質問された。言葉を重ねて説明しようかと思ったが，ほどほどに留めておいた。まずは基本的な援助のやり方，トレーニーの動作を読み取ろうとする心構えあたりをおさえればよいだろうと判断した。それぞれが自分の段階で励めば，自ずと先は訪れると考えた。だからこそ先にいる者が後にいる者に「違う」「早く」と押し付けることは，成長的な修得を

妨げるのかもしれないとも思った。自戒しておきたいものである。

　しかし創始者である成瀬先生はこのような守破離の段階論にはおさまらない。守破離に必要な先人がいないのである。まったく想像を超えた世界にいらっしゃったのだと，下から仰ぎ見るばかりである。今の自分はどの段階にいるのだろうか。

生活に寄りそう心理リハビリテイション

　静岡県では，キャンプなどにおいて「生活に寄りそう心理リハビリテイション」をテーマに掲げてきた。これは哲学でもあるが，技術でもある。哲学としては，トレーニーやその保護者への向かい方の姿勢や態度を意味しており，動作訓練をもって変える対象とみなすのではなく，彼らの生活を尊重しながらその手伝いをしていく，伴走をしていくためのツールとして動作訓練があるという思いを示している。

　技術としては動作訓練でいう予診（インテーク）からそれは発揮される。訓練の場ではトレーニーの身体がまさにそこにあり，それが実態把握の対象であるかのように誤解されるが，それは正しくはない。トレーナーが把握すべきは，トレーニーがその身体をもってどのように生活を送っているかであり，(保護者とともに) どのような生活を望んでいるかというニーズである。

　例えば，食事，着替え，排せつなどの欠かせない生活行為はどのように実行されているのか。そのときにこの身体はどのように動いているのかと推察も含めながら把握していくことが，予診に求められる技術である。目標の設定も，動作の獲得や変更が生活にいかに結びつくのか，逆にいえば生活上の困難さや願いに対して，どのような動作変容が貢献できるのかを考えていく作業である。実態把握，目標設定が生活と結びつけば，おのずと評価も生活と結びつく。細かくいえば動作課題における変化，やや大きくはあるセッションの

効果が日常生活にいかに結びついていくのか，直接的に，間接的に評価をしていく。

身体を生活の文脈から切り離して見なすことは危険である。脳性まひ者の身体，知的障害者の身体が，定型発達者の典型的な理想の身体からの逸脱として見えてしまう。すると「動きが悪い」「歪んでいる」という無神経さをはらんだ実態把握になる。このような把握から導かれる目標にもとづく課題設定と実践は，動作訓練が目指すトレーニーの主体的な動作の実現からかけ離れていく。また評価も，「まだできていない」「不足している」という否定的なものになりやすく，克服主義的な悪循環に陥っていく。このような訓練では，結果として彼らに訓練への拒否や苦手感を形成させるだろう。そうなると彼らを，彼らにとって一生つきあっていくべき身体とそのケアとしての訓練から遠ざけてしまいかねない。つまり生活と心理リハビリテイションが離れてしまう。

生活に理解のはじまりを置き，生活に取り組みの結果を還元していくということを「生活に寄りそう」に込めて，技術として具体化していきたい。

コラム

訓練を楽しむ

動作訓練をしていると笑ってしまうことがある。笑わされているといったらいいだろうか。笑いの発生源のひとつは，期待の裏切りにあるという。動作訓練は動作を介したやりとりという側面があるのだが，そのやりとりに笑いどころがある。

〈こう動かすかな〉というこちらの期待（予想）を，トレーニーが動作で裏切ってくれるとき，思わず笑ってしまう。もちろん懸命にやろうとしているけど，うまくできずにいるということを笑っているわけではない。自分の予想のトンチンカンさや，トレーニーの意

表を突く動き，ときには予想以上の素晴らしい動きに笑いのネタは
ある。

　トレーニーも笑ってくれるときがある。彼らもこちらに期待や予
想をしているはずである。それが外れたとき，しかも嫌じゃない感
じで裏切られたとき，やはり笑ってしまうのであろうか。あるいは
自分の動作に笑ってしまうこともあるのかもしれない。

　思わずニンマリということもある。これはどちらかというと期待
どおりや予想があたったときにもたらされる。訓練しながら，トレ
ーニーと一緒にニンマリする。

　双方「楽しかった〜」で終われる訓練はいつも目標である。これ
も動作訓練の目指す技術のひとつである。

5.「発達障害」のある者への動作訓練

　一般に，我が国で発達障害とは，自閉症スペクトラム（ASD），注意欠如・多動性障害（ADHD），学習障害（LD）を中心としたその他これに類するものと定義される。DSM-5 では新たに神経発達症という括りが採用された。動作訓練は，肢体不自由者を対象に開発されたものであるが，その十数年後にはすでに自閉症者（以降，自閉症，広汎性発達障害，アスペルガーなども統一的に ASD と表記する）への動作訓練の実践が報告されている。

　この対象の広がりが，現在に続く動作法の多様な展開の重要な契機であった。対象が拡大することが，理論構築をリードし，動作訓練の技法上の進化をもたらしたともいえる。まずはその代表である ASD 者への動作訓練について解説する。

5-1　自閉症スペクトラム（ASD）のある者への　　動作訓練

ASD 理解の変遷とアプローチ

　よく知られているように，ASD は 1950 年代にカナーやアスペルガーによって最初の症例が報告された後現在に至るまで，その中核障害とは何なのか，スペクトラムという概念の広がり，関連障害の整理統合など，その理解のされ方が大きく変遷してきた。それに伴いアプローチのねらいも変化，更新や広がりをみせてきた。少し変遷を追いながら整理してみたい。

　初期の後天的，情緒的な原因論や親子関係をベースにした理解で

は，心理的な葛藤の解消や育ち直しがそのねらいであった。いわゆる母原説を背景にしたこの理解とアプローチは，その後の言語認知障害説の登場によって強く否定されることになる。しかし広い意味での子育て支援には親子の関係発達支援や保護者の関わり方の学びや養護性の活性化という側面があることを鑑みれば，アプローチまでも全否定するのはかえって不自然かもしれない。保護者の関わりが，ASD の原因とする見方は否定するにしても，今の子どものあり様が保護者を代表とする重要な他者との関わりと無関係にあるわけではない。むしろ ASD という特性を持った子どもといかに関わってきたのかに注目することは，子どもの障害の原因探しのためではなく，関わりにくさの理由を明らかにし，これからどのように関わっていくかという問題解決的，未来志向的な必要作業である。

　1970 年代頃から主流となった言語認知障害説は，あくまで仮説的ではあったが，ASD の原因を先天的な脳機能の障害と理解する方向へと大きく転換させた。そして脳機能のなかでも「言語」と「認知」に焦点をあてることになったのは，当時の脳科学研究の進捗程度と比例していたものと思われる。少なくとも当時の脳機能研究は，社会性や情動調整，より複雑な情報処理といった機能に関して ASD 理解に利用できるほどの知見は出されていなかったと推測される。このようななかで出された認知言語障害説によって，ASD 者へのアプローチは言語や認知の改善をねらいとすることとなった。脳に原因を置き，そこにアプローチするという発想は，単純ながらも現在に続いている。このようなアプローチの適否の評価は別としても，個別によく調整された学習課題と学習ステップを設け，適切な強化や動機づけが提供されるなかで進められる「言語」や「認知」行動を身につけさせていくやり方は，成果をもたらしたに違いない。言語認知障害説は，その後の ASD 者の中核障害が言語認知あるのでなく，社会性の障害であるという仮説にとって代わられることにはなるが，個別の学び方に合わせた課題設定や学習過程の支援という

方略は，今に引き継がれているといえるだろう。

　このように障害についての理解とアプローチがセットとなって移り変わってきたことを踏まえておくと，ASD者への動作訓練の理解をするうえでも役立つと考える。

　動作訓練はASDをどのように理解し，アプローチしてきたか

　上記のような変遷を経てきたASD者の理解とアプローチであるが，動作訓練におけるASD者の理解とアプローチもまた変化，更新といった変遷を経てきた。先に紹介したように理解とアプローチはセットである。理解のどこに重点を置くかで，ねらいや課題といったアプローチの具体は決まってくる。同時に，セッションの進め方や評価のポイントも連動する。

　現在までASD者への動作訓練では，理解とアプローチのセットは，大まかには四つにまとめられると考える。

　「肢体に不自由がある」と理解しアプローチする

　一つめの理解は，ASD者の持つ肢体の不自由に注目したものである。ASD者においても姿勢の歪みや動きのぎこちなさ，かたさがあることは一般的によく知られている。典型的なASD者には次のような状態をあげることができる。全身的に緊張が高く，猫背や肩の挙上とすぼまりを特徴としていることが多い。手先はある特定の動きでは器用だが，新規な動きや複雑な動きではとたんにぎこちなくなる。座位姿勢では左右に重心が偏って，それに応じて上体がねじれていることがある。歩行は左右のピッチが微妙にずれていたり，脚が突っ張り気味だったりすることがある。この他にも多くの特徴をあげていくことができるし，個人レベルではより多様になる。細かく見れば，滑らかさや速度，巧緻性などについて，定型発達者の平均的なそれと比較すると動作困難を持っている。ASD者への動作訓練の適用が始まった初期にはこのような姿勢の問題や動作困難とい

った理解があったのではないかと推測する。肢体不自由者への理解をASD者にもあてはめようとしたのだろう。

このような姿勢の歪みや動きのぎこちなさに理解の重点を置く場合，ASD者の場合は大まかには運動の獲得はできているわけだから，そのねらいは姿勢の歪みや身体の動かし方の微調整，微修正となる。しかしこれらすべてを課題化して改善していくことは現実的ではないし，そもそも訓練の目的が身体の気になるところをすべて改善するというモグラたたきのような発想になってしまう。そこで生活上の不自由さの程度や，生活に与える影響度，課題としての取り組みやすさといったフィルターを通して課題となる動作を選択することになる。

例えば肩まわりの動きは課題となりやすい。慢性的な緊張から肩が上がり気味だったり，開きにくさがあったりする。そしてその緊張がひじや腕，首の後ろにまでおよんでいる。これが手先の不器用さや生活行為のしにくさと結びついていることもあるため，その改善を目標とし，課題が設定されていく。このような流れはASD者を肢体不自由と理解し，アプローチする代表であろう。

ASD者と動作訓練を行うときのコツや配慮①

ASD者の場合，脳性まひ者とはいくらか違ったやり方やコツが必要となる。まずは課題となる動作を伝えるために接触したいのだが，身体接触に抵抗感や苦手意識を持っているASD者が少なくない。多くの場合，緊張が高まっている部位は触れられると不快な感じがするものであり，彼らの場合はこの接触の不快に加えて，これから起きることの予測できなさによる不安などのネガティブな情動も加わる。そこで最初の触れ方にも配慮が必要であり，「肩に手をのせるよ」と予告したり，彼らの視線に入るところから触れるようにしたり（背後から予告なしに触れない），場合によっては第三者をモデルにして今から行うことを見せたりすることもある。いったん取

り組めるようになれば，記憶を利用して，彼らは接触を受け入れて
くれる。

　次に課題となる動作を始めるために，こちらからやってほしい課
題動作を伝達する。これは言いかえれば，こちらの意図伝達である。
〈こうしてほしい〉〈こっちに動こう〉〈ここをスッとしてみよう〉と
援助と声かけで伝えていく。この段階で，次の項で解説するコミュ
ニケーションややりとりの難しさというASD者の理解の必要性が
でてくる。ASD者の持つ肢体不自由という理解に，新たな理解の視
点が加わることになる。

　課題動作が伝わり，ある程度，課題となる動作に取り組めるよう
になったASD者にとって，実際上で難しいことのひとつは，いった
んやりだした動きを変更することである。トレーナーとしては〈も
う少し大きく〉〈方向を変えて〉と動作のバリエーションを広げてい
きたいわけだが，ASD者との訓練では，同じ動作が繰り返されるこ
とが少なくない。彼らからすると「だってこうでしょ」といわんば
かりに，パターン的に前に実行した動作を繰り返すことがある。こ
こに彼らの同一性保持を重んじる心性を感じるわけだが，動きの微
調整，微修正という目標を達成するには，それまでの動作を少し変
えてもらう必要がある。やりとりと交渉を重ねながら，丁寧にこち
らの意図を伝え，バリエーションを広げていくように展開していく
ことが求められる。

　ASDをコミュニケーションの障害と理解しアプローチする

　二つめの理解は，コミュニケーションの難しさについてである。
コミュニケーション全般に困難さを持っているASD者は，動作訓
練で主に用いる動作によるコミュニケーションにも困難さがあると
いえる。

　実際の動作訓練の場面では，トレーナーがバーバル（言語的）コ
ミュニケーションとノンバーバル（非言語的）コミュニケーション

を用いて課題となる動作を伝え，トレーニーが受け取り，それに動作で応じていくというコミュニケーションが常に展開されている。特に動作を用いたノンバーバルなコミュニケーションに動作訓練の特徴がある。そして実際にASD者と動作訓練を行うとすると，このやりとりが難しいことを痛感させられる。

　ちなみにこのコミュニケーションの成立や繰り返しの難しさはASD者だけに責任があるわけではなく，トレーナーとの関係のなかで生じるものであることは述べておきたい。コミュニケーションの不調を片方の責任にするのはフェアではない。とはいえASD者が苦手であることは間違いない。そこで動作でのコミュニケーションが援助のもとで成立，繰り返されることによって，彼らのコミュニケーション力が高まるという指導仮説を立て，ねらいとしてきた。

　実際においては，動作訓練では動作を主たる手段に，ASD者とコミュニケーションの課題を行う。コミュニケーションの構成要素は，〈伝達内容があること〉，〈言葉その他の伝達手段（媒介）を用いること〉，〈受け手と送り手の役割遂行と役割の交代があること〉である。動作訓練でいえば，まずトレーナーが送り手となり，動作を用いて，課題となる動き（内容）を送る。トレーニーはその内容を受け取り，動作を使ってそれへの応答をする。このとき受け手と送り手の両方の役割をこなす。トレーニーから応答された動作をトレーナーは受け取り（受け手となり），さらに送り手となって次の内容を送る。これらが機能し展開するとき，それはあたかもキャッチボールの連続のようであり，彼らとのコミュニケーションが生き生きと持続する。

　このようなコミュニケーションが展開する関係においては，楽しさなどの感情や動作体験の共有，相互の調整，他者意図の理解といった，次に説明する三つめの理解とアプローチのテーマが生まれてくる。

ASD者と動作訓練を行うときのコツや配慮②

上記のようなやりとりを円滑かつ持続的に展開したいのだが，うまくいかないときにはコミュニケーションの構成要素それぞれにエラーが発生している。伝達内容が伝わらない，伝達手段が内容を運べていない，送り手と受け手の役割が混乱したり，偏ったりしている。

コミュニケーションは二人以上での共同作業であることから，そのコツはトレーナーがよいコミュニケーションの実施者となることである。送り手のときには，伝達内容と伝達手段を相手に合わせた質と量に整え，端的に，単純化して伝えていく。受け手のときには，相手の動作に含まれる心的活動を細かく読み取る敏感さを高めていく。動作訓練の技術のひとつである能動と受動を同居させることは，コミュニケーションの援助においても同様である。

共有や共同の難しさを持つと理解しアプローチする

三つめは，ASD者の持つ体験や対象を共有する難しさに注目した理解である。ASD者において，共同注意行動が同年齢の定型発達児や知的障害児に較べて少ないことが知られている。模倣や共同行為も同様である。この少なさを欠損や障害として説明する論が主流ではあるが，彼らの他者も含む世界との関わり方の志向や好みの問題として考えることもできる。共同注意行動に代表される三項関係の成立とその蓄積は，種々の発達の足場となり，さらに発達を押し広げていく。

ASD者と活動対象への注意を同じくし，そこにまつわる情感や情動，体験を共有することは難しい。それは動作訓練の実践においても同様である。課題となる動作とその身体部位への注意を同じくし，動作にまつわる体験を共有することは彼らにとっての難題である。

訓練時における三項関係の成立とは，動作に集中しながら，トレーナーとやり取りできる状態になることを目指している。この三項関

係を展開の場として，そこで生じる情動や気持ちの動きを二者で感じあうことを体験の共有ということができる。動作訓練では，ASD者においても身体の部位や動作に注意を向けることができ，またトレーナーからの援助も提供しやすいことから，動作を対象とした共同注意の成立を実現できると考える。コミュニケーションでは動作を使って意図伝達をやりとりし，共同注意では動作を対象に使って成立をさせていく。

ASD者とのやりとり場面で，視覚対象物をはさんで三項関係を成立させようとしても，彼らの注意をコントロールすることは難しく，例え視線が向いていても注意の質的な把握は難しい。一方，動作訓練のように身体部位や動きを対象とする場合は，その部位にトレーナーが接触し，動きを他動的に行うことで，注意を引き付けることができる。またトレーニーの動かし方から注意の質的な把握が可能である。そこで動作訓練では，動作を対象とした三項関係の成立と，そこで生じる動作体験と伴う体験を共有していけると考えアプローチしてきた。

ASD者と動作訓練を行うときのコツや配慮③

トレーナー，トレーニー，そして対象となる動作へと注意が相互に向けられた三項関係の場を作り出すにはコツがある。

トレーナーは訓練中，常にトレーニーの注意の対象を把握し，そこに生じている体験を推測し続ける。注意対象の把握は，通常の共同注意行動では視線や手先を見ていれば把握できるのだが，動作訓練では身体への注意を読み取る必要がある。例えば，肩を動かす課題に取り組んでいるときに，現に本人が肩を動かしているならば間違いなくそこに注意が向いていると把握できるだろう。さらには動きの方向やスピードが細かく調整されているならば，その注意の向け方が集中したものとして把握できる。逆に動きが雑で投げやりのときには，注意の向け方も瞬間的でざっくりとしたものと把握され

る。把握が難しいのは，肩が動いていないときである。もちろん単に注意が向いていないことはあり得るわけだが，肢体不自由者もそうだが，注意は向けているがうまく動きにつながらないときがある。動かそうとはしているが（意図はあるが），努力の仕方が分からない状態もある。その部位の小さな動きや付随する他の部位の動きも読み取りながら，彼らの注意対象を把握していく。

またASD者の身体への注意の向け方で，ときおり生じる問題は過集中である。現象としては，動きに集中するあまりトレーナーとのコミュニケーションに開かれていない状態である。彼らと彼らの身体だけの二項関係に入り込むといってもよい。このようなときにはトレーナーから意図的に部位を動かしたり，声をかけたりして，トレーニーの注意をトレーナー側にも分散させる。注意は向けすぎても三項関係の成立を妨げることがある。

いずれにしても彼らの動作のなかにある注意の対象と向け方を読み取ることで，三項関係の構築を目指すところにコツがある。

あらためて動作に着目し，理解とアプローチを行う

四つめは，一つめと重なる部分もあるが，彼らの動作をより心理的な活動として理解しようとする仕方である。一つめが主に物理的な身体の困難さ＝肢体不自由を理解の対象としていたのに対し，ここではより心理的な意味での動作を意味する。

身体とその動きには，その人とその場や状況との関係が表現される。その最たるものが姿勢である。姿勢は身体条件のみで決定されるものではなく，その人がいる物的環境，その人が今持っている対人関係，その人が今行おうとしている活動を可能にするために選択された構えである。人と話すときには相手の様子を読み取ったり，自分の表情や話しぶりを見せたりするための姿勢をとる。食事をするときにはそれに適した姿勢，テレビを観るときにはそれを可能とする姿勢をとっている。つまり姿勢はその人が置かれた状況とどの

ように関係を結ぼうとしているかの身体表現である。

　このように考えるとASD者の持っている姿勢や動きの特異性は，外見上の身体の問題としてだけ理解するのではなく，彼らが周囲の世界とどのように関係を結ぼうとしているのか，あるいはうまく結べないでいるのかを意味している。肩をすぼめ，猫背でうつむき加減の姿勢は，単に身体が丸まっているのではなく，圧倒してくる外からの情報，刺激，感覚への構えや防御なのかもしれない。つま先立ちでの歩行は，身体レベルとしては足首の緊張でもあるが，床面と足裏との相性の悪さが原因かもしれない。うまく床と馴染めない心地のあらわれとして理解することができる。このような理解は，昨今注目されているASD者理解の情報処理や感覚の特異性ともつながっている。ASD者における，特に当事者からの発信が契機となって，感覚の過反応（過敏）や低反応（鈍麻），得意不得意などが明らかになるにつれ，彼らが世界と彼らなりの処理様式を持って関わっていることが分かってきた。動作には彼ら独特の体験様式があらわれているという理解は，旧来からの理解そのものでもあるが，あらためて注目に値するだろう。

　学生時代に，ある精神科医の先生が，「本当ならば歩き方をみればASDかどうか分かるようにならないといけないんだよ」と雑談のなかで話された。最近になって，「ASD者の本質は彼らと環境との関係の取り方にある。一方，歩くというのは人と環境との関係の取り方そのものである。つまり歩き方にはその人の環境との関係のあり方があらわれているはずだし，そこにASD者の独特さがあるはずだ」とようやく意味を理解できた。

　動作訓練の場面で彼らが見せる動作とは，自己と自体の関係，物理的環境との関係，トレーナーとの関係，時間（活動）との関係など，さまざまな関係の取り方として，そこに表現されているのだろう。この関係の不調や良好が動作である。動作訓練の目的を，関係の調整においてみてもよいだろう。

　適度なリラクセーション課題に取り組むことで，自体が心地よいものと実感できるかもしれない。踏みしめ課題やバランスの課題を通して，地面と自分がぴたりと接地している感覚がもたらされるかもしれない。トレーナーとの動作を用いたやりとりが，相互の意図や努力がかみ合い，繰り返し成立したときに，その場所や時間が居心地よく感じられたり，トレーナーが気の合う人に感じられたりすることもあるだろう。楽しい時間だったと感情レベルの共感だって起こるかもしれない。このようなことを目指すことが訓練であってもよいと考える。

ある訓練会でのHくん
　知的障害の特別支援学校に通う中学生のHくんである。訓練歴は長く，保育園時代から続けている。知的障害とASDを持っている。ここ数か月，やむを得ない環境の変化があり，不安定で思い通りにいかない生活のなか，戸惑いや不安がわき起こり，自傷や多動，食事がとれないなどさまざまなあらわれが生じていた。先月の訓練会でも，トレーナーとじっくり関わろうと頑張ってはみるものの，心のなかにある落ち着かなさや悲しさがしばしばオモテに出てきて気持ちが乱れ，散発的な課題への取り組みとなっていた。

　この日，先月と同じトレーナーが関わり，前回よりも課題への取り組み時間が増えていた。時間が増えているということは，心理的に安定できており，動作の体験に気持ちが向けられていると推察された。訓練の基本方針は，やはりここ数か月の不安定さが低減することであり，そのためにこわばった身体部位をゆるめることを中心に，ゆるんだ身体の心地よさに自分の信頼感を取り戻してほしいと進められていた。

　トレーナー役割を交代させてもらい，訓練に取り組んだ。ベテランらしく，働きかけへの受け入れはよく，スッと課題姿勢に入ってくれる。臥位でのいくつかの課題，あぐら座位での課題を，あまり

しつこくならないようにテンポよく進めていった。あぐら座位で力みもなくストンと座れている。前屈，背の反らしを行ってみると，こちらの援助にも自分の身体にも「お任せ」できていた。本人の動きと気分がかみ合い，こちらの（外から）求める課題動作にも適応的に応じていた。

　急にHくんに予想外の動作をさせたくなった。前屈または背の反らしの課題を予想しているであろうHくんの意表をついてみたくなった。そこでHくんの身体を左右に傾け，「倒れるなよ〜」とバランス取り遊び的な課題へ急きょ転換させてみた。するとHくん大笑いで嬉しそうである。

　ここ数か月，気分が悪いほうに乱れ気味のHくんを，笑わせることに成功した。課題が終わった後に部屋をぐるぐる走り回る姿も，先月までの止まれないで困っている雰囲気から少し変わり，移り変わる景色や近づく周囲を楽しんでいるようである。試しに伴走してみると顔がほころんでいるように見えた。あらためて自由に動作訓練を使えばよいと思った。

ASD者の理解にもとづく動作訓練の実践まとめ

　動作訓練におけるASD理解は時代の経過とともに広がってきた。それは世界的な動向を取り入れた結果の広がりというよりも，どちらかといえば独自路線だったのかもしれない。しかしあらためて俯瞰して見ると，ASDについての研究や支援の動向と部分的にはリンクしたり，共通したりしていて興味深い。

　ここでは理解とアプローチのセットを四つに分けて整理してきたが，実際にはそれぞれの理解とアプローチが混在し，同時進行する。実際の訓練はそれでよいのだが，一方では，自分たちが行っていることを関連領域や他分野に説明できる言葉を持っておく必要に迫られている。昨今はこれまでにも増してその必要性が高い。そのためにも，その時々に広い動向と対比しながら，整理しておくとよいだろう。

5-2 注意欠如・多動性障害 (ADHD) のある者への動作訓練

　次に, ADHD 特性のある者への動作訓練について述べる。整理のポイントは, ASD 者と同様に, どのように理解して, いかにアプローチするかということになる。四つほどあげてみたい。

　姿勢から理解し, アプローチする

　理解の一つめは, 姿勢をとることの難しさである。ADHD のなかで多動傾向のある子どもを観察すると, 文字通り身体がよく動く。これは, あちらこちらに注意が向いてしまい, それに伴って身体を動かしているというのが一般的な理解の仕方だが, よく観察すると本人にとっても思った以上に身体が動いてしまっているということに気づく。ちょっと横を向いただけなのに, 首だけでなく身体ごと横向きにねじってしまい, 体軸と重心までぶれてしまう。そしてその大きく動揺した重心を戻すときに, 先に向いた反対側まで身体が戻ってしまう。机の上に手を伸ばしただけなのに, 身体全体が前傾してしまう。活動に向かおうと立ったり座ったりするときによろめいてしまう。ADHD 者のなかには, 発達性協調運動障害といわれる粗大運動と微細運動のどちらか, もしくは両方に苦手さがあるという特性を併せ持っている者の割合が高いことが指摘されている。ADHD 者の理解のひとつは姿勢調整の難しさにある。

　この姿勢調整の難しさと多動や注意の移つりやすさは, ニワトリと卵の関係といってもよい。注意を向けようとして横を向いたら思った以上に身体が動くといった具合に, 注意の移り変わりに伴い姿勢が動いてしまうと述べたが, 順番を入れ替えての説明もできる。姿勢がふらつき, 視線が定まりにくいがために, いろんなものが目に入りやすく注意が引っ張られてしまう。あるいは姿勢の安定に欠けるがゆえに, 事物に集中したくても思うようにできず, 結果的に周囲の

刺激に引きつけられてしまい，多動的なあらわれにつながっている。

　特に小学生くらいまでは，このような姿勢をとることが苦手だという理解の仕方が必要と思われる。アプローチとしては，まず即効的，対処的にはイスや机の調整や，滑り止めの使用などの環境の工夫でいくぶん改善する。

　苦手へのアプローチとしては，動作訓練を用いて，姿勢の安定やバランスの上達を練習してみると，活動に落ち着いて取り組むことや机上の課題に取り組む時間が長くなるなどの成果があらわれることがある。具体的な動作課題としては，腰が後傾し，猫背になっている姿勢を，骨盤を起こして背中や首が立てやすくなる姿勢づくりに取り組む。またバランスをとることを阻害しやすい肩まわりに入った慢性緊張のリラクセーションも効果的である。加えて立位で前後左右に重心を動かしながら踏みしめ動作などを使ってバランスとりそのものを練習してもよい。

　もちろん感覚運動的な遊びを並行して取り入れていくこともお勧めである。

　動かし方から理解し，アプローチする
　理解の二つめは，彼らの持つ衝動的な身体の動かし方である。動作訓練では，動作図式「動作＝意図＋努力→身体運動」とあるが，これを時間経過のプロセスとしてとらえるならば，衝動性の高い子どもの動作は，しばしば意図から身体運動が直結的に行われているということができる。パッと浮かんだ意図が直接，動作化・行動化されていく。これを衝動的行動と呼ぶ。意図が動作に直結するので，反応が早いとみなせば，スポーツなどすばやさが求められる競技時においては有効で強みとなるが，日常生活ではときに問題となってしまうことがある。

　一方，日常生活で期待される動作とは，動作図式からいえば間に努力の過程がある。パッと浮かんだ意図の実現に向けて，ほんのわ

ずかな時間で動作化の是非と可否の判断やプランニングがここでな
されている。このような努力過程があると動作・行動は加減や修正
やときには抑制といった適切化がなされていく。子どもの日常の様
子でいえば，壁のスイッチを目にしたときに，「あ！押してみたい」
と意図が生じるが，そのとき同時に努力過程のなかで触り方を調整
したり（例えば人にぶつからないように，必要最小限の力で），そも
そもその意図を実現することが良いのか悪いのかを吟味したりを処
理しながら動いていく。あるいは押すのをやめるという行動になる
こともある。衝動性の高い子どもは，動きの意図を身体運動として
実現するまでの間に，努力過程が十分に機能していないという理解
ができる。

　そこで具体的には，動きの調整というテーマをもった動作課題を
設定することになる。例えば，腕上げである。腕を上げるという意
図からパッと上げる（身体運動）ではなく，まずはゆっくり一定の
スピードで上げることを目指す。ゴール地点に急がないよう援助
を行う。これができるようになると次は，例えば途中で止まってみ
る，あるいは腕上げの方向を途中で変えてみる課題などに発展して
いく。動きながら自分の動きを調整できることを目指していく。こ
のようなテーマを持った課題は，腕上げ以外にもあらゆる動作で取
り組み可能である。コツとしては，あまり複雑でなく単純な動きで，
かつトレーナーがすぐに援助しやすい（例えば，スピードを調整す
る）動作課題を用いるとよい。

緊張から理解し，アプローチする

　理解の三つめは，緊張の高さである。多動傾向を持っている子ど
もの身体に触れてみると肩や背中などが力んでいる様子を見て取れ
る。肩が上がっていたり，背中が少し丸まっていたりして，上体に
部分的，あるいは全体的に緊張が見られる。これは姿勢の不安定さ
が背景要因になっているとも考えられるが，一方では彼らの周囲へ

の構えのあらわれとしても考えることができる。

　自分の周囲で起こっている事柄や環境に対して，高い感度のアンテナを張り巡らせている。覚醒状態が高いという言い方でもよいだろう。この構えは彼らの反応の良さや周囲へ広く注意が向けられているという長所でもあるが，刺激への過剰な反応や引っ張られやすいという特徴でもある。それが緊張としてあらわれていると理解することができる。

　そこでアプローチとしては，まずは慢性的な緊張から解放するために，全身的なリラックスを目指すことになる。しかしこれが難しい。この難しさを細かく見ると，ストンとすっかり力を抜くことはできるが，それを維持することが難しい。

　例えば，仰臥位になってもらい緊張している肩や腰に手をあてて，小さな動きを入れながらそこの力を抜いてもらうと，課題の導入時こそ逆に力が入ってしまうことがあるものの，いったんコツをつかめば力を抜くことが可能になる。ところがこのとき，ADHD者の場合，課題としている部位だけでなく全身的に力が抜けることがある。それはそれで不適切ではないのだが，あたかも全身のスイッチを切ったかのように，全身脱力になりやすい。課題の目標を全身の脱力とすれば，これは適切で「よく力が抜けました」となるのだが，「さあ終わりました」と身体を起こし，動き出すとまた身体のあちらこちらへ緊張が入ってしまう。維持できてもほんの数秒ということが多い。

　こうした経験から，ADHDの子どもは緊張を適度にコントロールすることが難しく，過緊張と弛緩の間を極端に行き来しているという理解が得られる。そこでアプローチでは，力の入れ加減，抜き加減の微調整がテーマになってくる。全身の力をすっかり抜かせるような課題ではなく，課題とする部位や抜き方を細かく定めたリラクセーション課題を設定することになる。具体的には，座位姿勢でまっすぐな姿勢を作らせて，そこから例えば腰だけを少し落として，またまっすぐ立てたところに戻させる。あるいは座位を保持させな

がら，肩だけを上下に動かし，少し力を抜くといった課題になる。このような座位姿勢の保持という一定の緊張感を持たせながら，そのなかで少し動かして力を抜くというようなリラクセーション課題がADHDの子どもには良い練習となる。

　ADHD者とは，場面や活動に応じた緊張感（リラックス感）という構えの取りにくさを持っていると理解することができる。

注意の使い方から理解し，アプローチする

　理解の四つめは，注意の使い方，特に注意分配の苦手さである。ADHD者の日常の様子では，周囲の刺激に注意が振られやすい転導性や易刺激性はよく知られている。一方で，ある活動や対象にすごく没頭し，周囲からの働きかけに応じなくなる過集中といわれる特徴もある。注意の使い方が偏っているという理解である。

　先ほども例とした座位姿勢を維持しながら肩を上下する動作課題をやるとその特徴が明確になる。ADHD者では，肩はよく動くけど，上体の崩れを抑制できなかったり，トレーナーの合図と動き出しが合わなかったりすることがしばしば見られる。よく見られるのは，肩を上げるときには上体が引っ張られるように反り気味に緊張し，肩を下すときには体幹を保持していられず背中や腰がくっと曲がってしまう。また重心も微妙に前後する。そこでこの課題は中心には肩に注意を向けながら動くわけだが，そのときに腰や背中のほうにも動かないように注意を払うことが求められている。肩にも，体幹にも，そして一緒に取り組んでいるトレーナーの援助や合図にも注意を分配してほしいのだが，ADHD者ではこの分配が難しく，注意の対象が偏りがちになる。

　そこでアプローチのコツとしては，まずは2か所くらいに注意を向けるように課題を設定し，「肩を上げながら腰をそのままにして（立てて）おこう」「肩を下すけど背中はピンとしておこう」などと声かけと動作を使って援助していく。トレーナーが注意の分配を誘

導するのである。徐々に，分配する対象を多くしたり，時間的に長くしたりしていく。最初は，肩と腰，背中と腕というように簡単な分配にし，その後，難易度を高めていく。例えば立位で，足首，膝，股関節を同時に曲げつつ，上体を崩さないように保持するといった課題は，注意を向ける対象が多くなり，もっとも難度の高い課題となる。

Ⅰくんとのおしゃべり

　ADHDと境界域の知的障害があるⅠくんを最初に見たのは保育園時代で，大学のプレイルームで個別の動作訓練を中心に会っていた。プレイルームで待っていると，廊下にいるときからⅠくんの大きな話し声が聞こえてくる。ドアを開けるやいなや「先生，○○のテレビ見た？」と間髪入れず質問が飛んでくる。ある日は，目を離したすきに大学の講義棟に行き，授業中の講義室に入り，学生の皆さんに大きな声で挨拶してきた強者である。

　動作訓練では，導入でおしゃべりにつきあいながら少し散歩し，さあマットでゴロンしようと誘う頃までは盛んに口も手足も動いているが，足や肩の単位部位のリラクセーション課題が始まってゆるみだすと，まったくしゃべらなくなる。〈上手だよ〉〈もう一回〉の声かけにも無反応になってしまう。〈聞いているの？〉の問いかけに，ちょっと間が空いて「何？」と返ってくることもある。身体の一部の力を抜くと，全身的なOFFを作り出してしまうらしい。〈さあ（この課題）終わり〉に，いっきにスイッチがONになり，またおしゃべりが始まる。また課題を始めるとすっかりOFFに戻る。"ちょうどよい"を作り出すことが動作訓練の目標となった。

　小学校高学年で動作訓練への参加は卒業したⅠくんだが，高校生のときにお母さんと訪ねて来てくれた。Ⅰくん同様におしゃべりが好きなお母さんと私の止まらない会話を，少し恥ずかしそうに横で聞いていた。たまに話題をふると，言葉少なだが会話に参加してくる。こんな風になるんだ！と感動した。

5-3　学習障害（LD）児への動作訓練

　LD の診断がついている子どもに対して，その診断の根拠となっている学習スキル「読む，書く，聞く，計算する，推論する」の改善のために動作訓練を用いることはない。動作訓練を行う場合があるとすれば，それは LD だからということではなく，例えば身体面の不器用さや学校などへの不適応感から生じている身体へのあらわれ（例えば，肩こりや猫背）に対して，動作訓練が役に立つかもしれないと判断した場合に限られるだろう。特に不器用さは LD の子どもだけでなく ASD，ADHD の子どもにもしばしば見られる特徴であり，その改善を目指すことはある。

　さてこのアプローチは ADHD のところで述べたこととほとんど同じである。たまに書字や衣服の着脱などの日常生活行為も含めて訓練を行うこともあるが，動作訓練を適用することが，このような生活行為の改善に直接的に寄与すると確信が持てるほどの体験を持っていない。腰の動きや肩回りのリラクセーション課題を行うことで座位姿勢が改善したり，立位でのバランス課題や踏みしめを行うことで歩行の様子が変わったりすることは成果として実感できている。しかし手先の操作面は，土台となる姿勢へのアプローチだけでは十分でないと考えている。

　ちなみにスポーツ選手への動作訓練の適用では，そのスポーツの動作そのものを課題とはせず，立位の踏みしめ課題や側臥位での体幹のひねり課題などを行った結果，スポーツのパフォーマンスが向上したことが報告されている。LD 者をはじめとする発達障害者の不器用の問題にも動作訓練が効果をもたらすという仮説の根拠になるとも考える。今後の実践的な検討を重ねていきたい。

　発達障害者への動作訓練と肢体不自由者への動作訓練
　以前，ある学会で発達障害者への動作訓練の発表が行われたとき

に，参加者から「発達障害者への動作訓練と肢体不自由者への動作訓練は同じですか？　違いますか？」との質問が出されていた。同種の質問は，動作療法の研修会でも，「精神障害者への動作療法といろんな障害者への動作訓練との違いは？」と出されていた。これとよく似た質問である。多くの人が動作訓練を学んでいく過程において自然に持つ疑問であろうし，自分もしばらくこの疑問を持っていた。

　今この問いに答えるならば，まずは「問いそのものが成立していない」と答えるだろう。この問いが成り立つには，発達障害者への動作訓練，肢体不自由者への動作訓練，動作療法，のそれぞれが一定の「まとまり＝共通のかたまり」をもっている必要がある。そうでなくては比較できないのだが，実際にはさほどまとまりはないと考えている。例えば，ある心理療法をベースにしている人に，「どなたにも同じように面接を行いますか？　同じ展開で進めますか？」が愚問になってしまうように，肢体不自由者だからみんなに同じ訓練ということはあり得ない。動作訓練もまずはひとりひとり違うと考えればよい。そもそも全員違うのだから，同じがないのである。

　動作訓練を類型的に理解する

　一方で，先のような疑問を持つのは対象によってやはり一定のまとまりを感じているからであろう。そこで，もしまとまりや共通点を感じるところがあるとすれば，そこはどこなのかと考えることは動作訓練の理解を深めるうえで役立つであろう。

　トレーニーの姿勢や身体の動かし方は対象でまとまっているといえるかもしれない。痙直型の脳性まひ者は似た姿勢を取ることが多い。ダウン症者も同じである。動かし方についても，アテトーゼタイプの脳性まひ者はみな似ているといえなくはない。多動の強い幼児もしかりである。このように障害種やタイプ別に姿勢や動きを類型化していくことは，トレーニー理解を助けるだろう。このまとま

りははっきり感じ取れるかもしれない。

　もうひとつまとまりがあるとすれば，それは動作訓練によってトレーニーにもたらされる体験の種類であろう。前に体験治療論について述べたが，動作訓練では動作体験と伴う体験が生じている。トレーナー側からいえばこれらの体験の提供を意図して訓練することができる。この提供したい体験が，トレーニーのタイプでまとまってくることはあるかもしれない。例えば，アテトーゼ緊張の強いトレーニーでは自分の思うようにならない身体とつきあい続けてきていると理解する。そのときには小さな動きでもよいから自分の意図と身体運動がぴたりと一致する実感やコントロール感を体験させながら，伴って変容可能性や有能感を感じてほしいと願う。多動で激しい動きが特徴のトレーニーでは，力を入れすぎなくても動けるリラックス感やその心地よさ，相手と調和している感じなどを体験してほしいと思う。このような提供したい体験を列挙していくと，例えば診断名というカテゴリーである程度は似た体験がまとまるのかもしれない。しかし障害種や診断名ごとに動作訓練がまとまりをなすわけではないことは再確認しておきたい。基本的に診断名は，症状や特性のまとまりを意味してはいるが，同じ診断名の同じ特性であっても，個々に違いは少なくない。障害種も診断名もひとりひとりを理解する情報のひとつにすぎないのである。

コラム

親子にとっての動作訓練

　動作訓練の月例会やキャンプに初参加する人は，ネットやチラシで見て「動作訓練をやってみたい」，「子どもに受けさせたい」，「知り合いに紹介された」などのきっかけで，動作訓練の名前だけを知って参加してくる。このような方たちには，口頭での説明，見学，実体験などを通して動作訓練のガイダンスを行うことになる。動作訓練

の全体像からすれば，ごく一部についておぼろげなイメージをもって参加されていたところから，徐々にイメージが広がっていく。最初の頃は，身体機能面へのリハビリの一種だとイメージされている方が多い。「動きが上達する」「身体のかたさが取れる」「ぎこちなさが解消する」などが先行しやすい。

　保護者とトレーニーは，自分自身と我が子が実際に受けている動作訓練を理解の手がかりにしているので，理解の仕方は断片的ではあるが，一方で実体験に根差しているのでまぎれもなく自分の感覚，言葉で理解していく。

　ある程度，回数を重ねたトレーニーや保護者に「動作訓練ってどんなものだと理解していますか？」と尋ねると，興味深い返答が返ってくる。「気分がすっきりする」「楽しい」や，「自分と向き合う時間です」などと評する成人のトレーニーもいる。保護者からは「トレーナーと共同的に頑張るもの」「課題に取り組むことに意味がある」「親子の大事な時間」などといわれることもある。内容が何であれ，イメージが広がっていてくれると，動作訓練のガイダンスとしては一定の成果だと考える。

　ある程度参加を重ねた人でも，あらためて講義や実技研修などで動作訓練をガイダンスすると初めて知ることや発見が少なくないらしい。あるいはしっかりスケジュールの組める訓練会やキャンプでは，親も交えてミーティングを行い，他のトレーニーの取り組み状況を聞いたりすることで，動作訓練の理解が広がる。これまでも保護者という立場から，トレーナーという立場にチャレンジした人もいる。訓練会やキャンプを企画・運営したトレーニーもいた。保護者がセッションまるまるトレーニー体験をするというプログラムを試みたこともあった。理解を広めたり深めたりする機会はできれば提供できた方がよい。参加する親子にとっても動作訓練はさまざまな理解と関わりが可能なものなのだろう。

6. 動作訓練の進め方の実際　その1

　動作訓練がどのように進められるかについて，3人の架空事例を通して，実際の様子，解説および考え方の紹介をする。

　まず3人の事例の概要は以下のとおりである。

　Jさん：成人の脳性まひ者　知的水準は標準域　移動は車いす　高等部卒業後，障害者雇用枠で就労（事務職）　動作訓練は幼少期から取り組んでいる

　Kくん：小学校低学年　ASDの診断　知的水準はIQ80程度　幼児期はADHDの特徴も顕著だった　地域公立小学校の支援学級在籍　動作訓練は年長児から取り組んでいる

　Lちゃん：4歳年少児　ダウン症　知的水準は中度知的障害　障害児通園施設に通所　療育機関で理学療法，作業療法を月に2回受けている　動作訓練には初めての参加

　ここで設定する動作訓練の機会は，月に1回のペースで開催される月例訓練会である。各トレーニーを1名のトレーナーが担当し，数組のペアをスーパーバイザーが指導するという形態である。セッションは一日2回であり，1回目のセッションはインテークを含めて60分，2回目のセッションは50分である。その後，保護者を交えて振りかえりが行われ，その日の訓練内容の伝達と，今後の方針や家庭での取り組みについて意見交換がなされる。トレーナーはすべて動作訓練2年目程度のキャリアを持つ大学生としておく。

6-1 インテーク（予診）

インテークでは，情報収集，実態把握，ニーズの聞き取りを行い，その日の目標を設定し，具体的に動作課題を選択していく。この一連の過程を動作訓練ではインテークと呼ぶ。トレーナーの経験が浅い場合，スーパーバイザーがインテークを主導的に進める。スーパーバイザーはインテークの進め方をトレーナーにみせながら，目標と動作課題についてトレーナーに伝授していく。多くの場合は，実際に各動作課題をやっているところを見せ，そのやり方をライブで伝えるところに，動作訓練のインテークの特徴がある。

ここではスーパーバイザーの立場から，それぞれのインテークの進め方を解説する。

Ｊさんのインテーク　本人からの聞き取り

成人（ベテラン）のトレーニーの場合，本人のニーズの聞き取りから始める。「気になるところ（身体の部位）や姿勢はないか」「痛みやかたさを感じることはないか」といった現状で抱えている不都合を聞くことが多くなる。彼らの場合，仕事の状況や生活リズム，体調，気候などで身体の状態が影響を受けやすい。自分の身体について最も理解しているＪさん自身の語りは重要な情報である。

自体を把握し，表現する力

この語りを交わしながら，一方で見立てておくべきことのひとつは，各トレーニーが持つ自分の身体の状態を表現する力である。表現するには自分の状態を把握（モニター）する力も含まれる。知的水準や言語的に高いことと，自分の身体を把握し，言葉であらわす力はイコールではない。日常的な会話で発揮されている表現の力に対して，自分の身体や動作の感じを表現する力が予想するほどには高くないことは少なくない。本人が語る身体の状態と，こちらが読

み取った身体の状態が一致しないことはしばしばあるので，そこは留意しておく必要がある。

　これは単に彼らの身体に関する表現力が乏しいという理解だけでなく，感じ取ることの難しさをもっていることもある。例えば，まひがあるということは，運動のまひ（動かしにくさ）だけでなく，感覚のまひ（感じにくさ）を伴うことがほとんどである。また，自分の身体に対しての関心の向け方や態度を反映していることもある。〈調子は？〉と聞かれると，あまり吟味しないままに，なかば自動的に「元気です」と答えてしまったり，保護者の方に顔を向けて代弁してくれるのを待ってしまったりする姿は，特に学齢期に多く見られる。

　これらの特徴も含めて，「自体を把握し，表現する力」と理解しておくべきだろう。

Ｊさんのインテーク　本人のニーズに応じながら

　成人期のＪさんの場合，生活状況と身体の動きは直結しやすい。本人のニーズが，今の生活を成立させている身体の動きや使い勝手を維持することである場合，インテークで立てる目標は「Ｊさんの持っている自分の身体の動きを確認しながら，動かせていると実感できることで，日々の生活が円滑に送れること」になる。特に，痛みやかたさが顕著で動かしにくさや不都合を感じている場合は，新しい動作や姿勢の獲得というよりも，身体の動きを取り戻すような身体のメンテナンスを意図した目標になる。

　この目標に向けて選択される動作課題は，Ｊさんのかたくなりやすい身体部位のリラクセーション課題が多くなる。肩回り，腰や股関節，背中など体幹を中心にその部位のリラクセーションに適した課題が選択される。そして単位部位のリラクセーション課題に加えて，その部位の動きを伴う基本的な動作課題が選択される。座位での腰を立てる動き，肩・肩甲骨の開きや上下の動き，左右の重心移

動，膝立ちでの姿勢保持などがあげられるだろうか。リラクセーション課題によって，ある程度，各部位のゆるみができて，動かしやすさが生じてきたら，そこを使う動きを含んだ課題を組み合わせて行うようプログラムを構成していく。

　日によっては，本人から「そんなに気になるところはないし，調子いいかな」ということもあり，そのような日はチャレンジ的な課題に取り組むことを勧める。Ｊさんの日常姿勢がほぼ車いすと床での座位，臥位での生活ならば，安全に配慮しながら立位姿勢をとってみることもいいし，床から車いすへの移乗を目指して，膝立ちからのつかまり立ちなどをやってもいいだろう。月並みな言い方ではあるが，新しいことにチャレンジすることはやりがいや充実をもたらす。そんな動作課題の選択もあっていいと思う。

　変動期としての成人期

　これまで脳性まひ者をはじめとする肢体不自由者において，成人以降に身体の動きの広がりや新しい姿勢の獲得がもたらされることに数多く出会ってきた。初めてあぐら座位やイス座位をとれるようになったり，洋式トイレを使えるようになったり，スプーンで食事を口に運べたり，キーボードを押せるようになったりした事例をみてきた。身体の使い方，緊張や動きにくさへの対応が本人のなかで統合され，熟達してくる。動作が"大人"になっていく。

　一方で，成人期は身体が大きくなり，仕事や生活の負荷がかかることで，かたくなったり，動きにくくなったりする事例も多くみてきた。療育センターなどでのリハビリの機会が，18歳を境に大きく減らされることも多く，この傾向に影響している。親子での取り組みも以前通りとはいかない。成人の入り口の時期は変動期といってもよい。

　新しい動きや姿勢を獲得した事例においても，学校卒業後あたりは一時的には不調が生じることもあるが，そこを家庭と訓練会が連

携し，訓練機会を定期的に提供しながら乗り越えていくと，いわゆる改善期がもたらされる。この時点でチャレンジ的な課題に取り組めるJさんも，そのような時期を乗り越えながら，ここまでやってきた歴史がある。

Jさんのインテーク　訓練しながらインテーク

　動作訓練のインテークは，聞き取りや観察だけでなく，動作課題をやりながら行うところに特徴がある。実際にいくつかの基本課題に取り組んだり，基本姿勢をとってもらったりして，課題を通して実態把握していく。Jさんには，側臥位での躯幹のひねり動作，同じく側臥位での腰から下肢のひねり動作，座位姿勢をとること，座位姿勢での肩の動き，腰や背を丸める動きと伸ばす動きなどを実際に補助しながら行う。トレーニーの動作状況を把握するには，意図や努力の心的過程と実際の身体運動を総括的に把握する必要がある。同じ動きにくさがあったとしても，動かそうという意図はあるが，努力の仕方が未学習で動かない場合もあれば，努力の仕方もなんとなくはつかめているのだが周辺部位のかたさが邪魔して動きにくい場合や，他の部位が不随意に動いてしまって意図する動きができない場合もある。これらを見極めるには，観察だけでは不十分で動作援助をしながら手を添えて一緒に動かすしかない。それは訓練歴の長いJさんでも同じで，課題を通して実態を把握していくことが必要である。

　さて今日のJさんの目標は，「事務仕事が続いてしんどさを訴えている肩回りの動きにくさと腰痛対策のリラクセーション課題をまずやりましょう。課題としては側臥位での躯幹のひねり，仰臥位での股関節まわりのゆるめ，あぐら座位での前屈です。そこまでを丁寧にやったら一度，あぐら座位になって座り心地など身体の感じを確認しましょう。そこでいい感じだったら，せっかくなので，膝立ちから重心移動して台に移乗する課題に挑戦しましょう。これは後半

のほうですね」とする。

発達障害のある子どものインテークでの配慮やポイント

ASD をはじめとする発達障害を主に持っているトレーニーのインテークは観察から始まり，それは訓練の会場に入ってきたときから開始する。表情や声，あいさつなど周囲との関係の取り方，姿勢や身のこなし，親子のやりとりなど理解を助ける情報は豊富である。

観察しつつ，少し関与もしていく。例えば〈車で来たの？〉とかみ合いやすいテーマを選びながら問いかけしたり，〈それ何？　教えて〉とそのときに注意が向いているモノ（例えば，手に持っているモノ）に話題を振ったりする。言語がコミュニケーションの主たる方法になっているトレーニーでは，そこを中心にやりとりするが，そうでなければやりとりの糸口を模索する。そのときには原則的に発達段階に応じた関与を優先させる。感覚運動の段階の子ども，モノとの関係（操作）が楽しめる子ども，三項関係に参加できる子ども，まだ難しい子ども，こういった発達的な段階からの理解をベースに関わりをもち，実態把握を進めていく。これらの情報が，その後の動作訓練につながっていく。

加えて保護者からの聞き取りでは，最近の様子や変わったこと，気になっていることなどを話題にしていく。発達障害や知的障害の子どもを持つ保護者が動作訓練に期待する内容というのは多岐にわたり，まさに聞いてみないと分からないことがある。姿勢や動きのぎこちなさなどの身体面，興奮のおさまりにくさなどの情動面，人との関わり方の対人面ややりとりの面，なかにはスポーツ技能が上達してほしいという要望があがることもある。あまりこちらからテーマを決めつけすぎずに，そのときどきのニーズを聞き取っていく。

トレーニーが肢体不自由者である場合では，このような聞き取りや観察による情報に，実際に課題をやりながら得られる実態把握を加えてインテークを進めていくことが多い。もちろん年少児や心的

な緊張の強い場合は，課題導入に慎重になる。ASD者の場合では，より慎重になる。お試しで訓練課題に取り組んでもらうことが難しい。「ちょっとやってみよう」や「こんなのどうかな」とあまりにもアドリブ的に関わることが，彼らに混乱や分かりにくさを生じさせ，以降の訓練を阻害するリスクがある。トレーナー側もお試しの意識が強いと，関わり方に一貫性や粘り強さを欠くこともある。

とはいえまったく関与しないで，インテークするのも難しく，試験的にいくつかの課題に促してみる。ひとつは仰臥位になって足裏や肩に手を触れて少しだけ動かしながら，単位部位でゆるめる課題を提案する。もうひとつは，あぐら座位で屈姿勢から腰を立てて背を伸ばして直姿勢になる課題を取り組んでみる。当たり前だが，インテークの導入から訓練は始まっている。

Kくんのインテーク

Kくんの場合，聞き取り，観察，それとこれまでの動作訓練の記録，スーパーバイザーが覚えていることを総合して，その日の目標と動作課題をある程度定めていく。ある程度決めておいて，後はやりながら調整していく。

今日のKくんは，入室してきたときから機嫌がよい。やや興奮気味ではあるが，笑顔いっぱいである。保護者から，比較的生活面と心理面は安定していることが語られ，気になっているのは姿勢の整いにくさであると情報を得た。

Kくんの今日の様子では，課題への導入はスムーズであり，身体に触れながら働きかけることの受け入れはよかった。細かく見ると，肩回りを援助して開こうとしたときに，きゅっと肩にすぼまるような緊張が入り，身をよじる感じが見られた。座位姿勢では，くたっとした丸まった座りから一瞬だけ背を伸ばしかけたが持続的な動作とはならなかった。またこちらの働きかけとはタイミング的に一致してはいなかった。

　何をどれくらいやるのか，だれとどこでやるのか，そのとき保護者はどこにいるのかといった構造を明確にした方が，Ｋくんにとっては安心できる。そこはこれまでの経験で掴めていた。

　今日のＫくんの目標は，「まずは初めての組み合わせとなるトレーナーと訓練のための関係づくりに取り組みましょう。そのためには課題の難易度は低めにして，仰臥位で足首と肩のゆるめをじっくり行うことにします。そこの受け入れがよかったら，側臥位に姿勢を変更して，肩を開くようにひねってみる。そこも取り組めたら，座位になって，二人で工夫しながら背中をシャキッと伸ばす動作を引き出してみよう。この課題は背中や肩から動作援助したり，目の前でモデルを示したり，保護者とやっているところを見せたり，やり方にこだわらず取り組みましょう。動きが少しできはじめたら，トレーナーの声と手の合図に合わせられるところまで欲張りましょう。ここが今日の最高難易度の課題になります」とする。

　Ｌちゃんのインテーク

　Ｌちゃんは知り合いの親子が先に動作訓練に参加するようになり，口コミで初めての参加である。まずは保護者からの情報収集やニーズの聞き取りとなる。この間，Ｌちゃんには担当する学生と一緒に部屋を自由に動き回りながら遊んでもらうことにする。

　保護者の聞き取りでは，参加の経緯などを確認した後に，保護者の望んでいること，期待していることを尋ねる。こちらは，動作訓練を行うことにさまざまな意味や機能があると考えているが，ほとんどの初参加者は「運動のリハビリ」として認識している。Ｌちゃんの保護者も「ようやく歩き出したが，歩様が不安定で転びやすい。階段は手すりをもって一段ずつ上がる感じで，そのあたりも上手になってほしい」と話された。運動発達の促進を期待されていることが分かる。そこでここまでの発達歴について運動を軸に聞き取ることになる。首のすわりや座位の獲得，つかまり立ち，初めて独歩し

　た時期などを情報収集しながら，部屋のなかを動き回っているLちゃんを観察する。ダウン症特有の姿勢であるお尻の引けや顎の突き出しがあり，ペタペタ歩くといった感じで後ろ重心が中心で，重心移動が苦手なことが見て取れる。猫背はさほど顕著ではないが，肩が少し挙上していることから，歩くときも肩回りに緊張が入っている。今のところ一緒にいる学生と機嫌よく歩き回り，目につくものに手を出して遊んでいる。

　これまでの相談歴や現在受けているリハビリや療育についても情報を収集する。PTとOT，それにSTをそれぞれ月に1～2回受けており，PTはそろそろ終了かもしれないといわれている。PTやOTを受けているときの様子やここまでの変化なども合わせて聞いておく。

　ちょうど保護者の近くに戻ってきたLちゃんに接近してみる。手を伸ばすとすんなり握手から抱っこに入ってくれた。背面から，保護者と対面するようにあぐら座りを取らせる。骨盤が後傾し，丸い背中，首の後ろの反り，顎の突き出しが特徴的である。両肩に触れると，ガチっとかたいわけではないが，開きにくく前に少し出ている。腰に手をあて，腰を立てるよう援助すると，瞬間的にシャキッと伸ばしたが，すぐに元の丸い感じに戻ってしまう。次に，保護者に手を持ってもらって立位姿勢を取らせる。かかと重心で足は「ハ」の字，膝は反張気味，お尻はやや引けている。前後にゆっくり揺らして重心移動を促すと，前に動かすと上体からくたっと曲がり，後ろに動かすと座り込んでしまった。ここまでを手早く行って，また学生と遊びに行ってもらう。行動を制限されている感じなどの意に沿わないことが少なくなるよう配慮する。

　今日のLちゃんの目標は，「身体に触れたり一緒に動かしたりすることを何度か試みながら，この場所や雰囲気に慣れることが優先課題。動作課題としては，座位での腰を立てて，その上で背中をシャキッと伸ばして座る動作，他動的でよいので肩を前後，上下に動

117

かしてもらうこと，立位でゆらゆら遊びをしながら重心移動をしてみましょう。これらをトレーナーと保護者と一緒に取り組むことで，この場面が恐くないと感じてもらいながら，まずはトレーナーと特に保護者がLちゃんの身体の動き方の特徴について体験的に把握できるようになりましょう」とする。

　インテークはトレーナーや保護者についても

　ここまで3名についてのインテークの様子を紹介したが，インテークの対象はトレーナーや保護者，そして訓練会の構造にも向けられる。

　まずトレーナーの力量や経験は必要不可欠な情報である。その日，訓練会で行う動作課題はトレーニーの課題でもあるが，トレーナーの課題でもある。もちろんスーパーバイザーは実際にやって見せ，適宜アドバイスを行うが，課題によってはトレーナーにとって難しいということも考慮しなければならない。「今日トレーニーとトレーナーがふたりで取り組める課題」という条件は，課題設定する際に欠かせないポイントひとつである。

　保護者については，インテークの時点で家庭での取り組み状況などを聞いておくとよい。特に肢体不自由者の子どもを持つ保護者は生活のなかで訓練に取り組まれている場合が多いし，身体介助という点では身体への支援は日常化している。訓練会での取り組みが，家庭での訓練や生活につながる視点を持っておきたい。

　訓練会の構造では，セッションの回数や時間に応じて，課題数や到達目標が設定されるのはいうまでもない。参加人数や雰囲気も感じておく方がよいだろう。

　このようにインテークはトレーニーがその中心対象であるが，それだけにならないよう心がけたいものである。

6-2　訓練開始

　動作訓練のセッションは，トレーナーとトレーニーがペアで訓練を進めていくわけだが，そこにスーパーバイザーが一緒に参加し，アドバイスをしたり，トレーナー役として実際に訓練をやって見せたりしながら進められる。ここではセッションの開始にあたり，スーパーバイザーが具体的にどのようなアドバイスや援助を行うかを紹介する。

Jさんの訓練

　今日のJさんの目標と課題は，「側臥位での躯幹のひねり，仰臥位での股関節まわりのゆるめ，あぐら座位での前屈で肩と腰まわりをゆるめて，身体のしんどさを和らげる」がひとつのまとまりとなっている。

全体像から部分を見る

　担当トレーナーはある程度の経験があり，各課題の基本的なやり方については理解している。そこでまずトレーナーがJさんに側臥位を取ってもらうよう要請しているが，そこで「すぐ寝かさないで，まずはあぐら座位を取ってもらって，今の感じを二人で確認しましょう」と一声かけるだろう。いきなり課題に導入してしまうと，身体各部位のかたさや動きにくさばかりに焦点が向けられることがある。できるだけ身体全体を把握し，全体としてのメカニズムや相互の関係がどのように作用しているのかの理解をスタートにして，各課題に入ってもらいたい。これはトレーナーにもトレーニーにもいえることであるが，まず座位などのタテ系姿勢をとってもらい，その実感や姿勢特徴を把握してもらう。その後，これから取り組むリラクセーション課題が座位の安定感や座り心地にどのように影響をおよぼすかを確認することで，各課題間のつながりや全体像が理解

119

されることを助ける。

　例えば，腰まわりのゆるみが股関節の開きやすさをもたらし，床面にお尻がピタッとつく感じが増すことがある。肩の慢性的な緊張が取れてくると，腰が立てやすくなって，スッと座れることにつながることもある。このような身体の部位間の関連や課題間の関係をイメージしていくと，トレーナーは単に課題をこなす訓練ではなく，戦略的な組み立てができるようになる。トレーニーにとっては自分の身体の仕組みやメカニズムの理解が深まる。

課題の配分

　さて実際に各課題に取り組んでいくわけだが，「ひとつひとつの課題をどれくらいやればいいか？」とはよく問われることである。ざっくりとした答えは，「その課題がクリアできたら次の課題へ」となるわけだが，何をもってクリアと判断するかは難しい。Jさんには側臥位での躯幹のひねりの課題があるが，側臥位で肩を床のほうに開くように下ろしていくこのリラクセーション課題に明確なゴールはない。たとえ床にべったりついたからといって，クリアではない。そもそもすぐに床につくくらいならば，Jさんの課題になっていない。その課題動作が，肩や肩甲骨，あるいは体側あたりの緊張のために，難しいから課題になっている。それがすっかり一回のセッションで取れてしまうことも起こりにくいと考えると，やはりクリアの基準はあいまいである。基準について，より具体的にトレーニーの動作とその体験に沿って答えれば，「動き出して，途中でいったん止まったり，動きが滞ったりするところがあるので，そこを越えることを目指して，ひと山越えられたらひとつの達成の目安。そのときにトレーニーのほうで『あ！　こんな感じでゆるめるのかな』と体験できれば最高。少なくとも『あ！　さっきまでと違う』と感じているようならクリアとしていいでしょう」となる。また一度，良い動作と体験が生じたときには，できればその課題を繰り返

して，その動作や体験を再現させるとよいとアドバイスする。「できた」の直後が，一番その動作を再現するチャンスなので，そこを逃すのはもったいないと考える。どのくらいを回数でいうことも難しいが，「できた」を確認できるくらいには繰り返してほしい。

　一方で，なかなかクリアの感じがつかめずに長時間，同じ課題に取り組んでしまうこともある。なんとか「できた」までいきたいのだが，Jさんのような脳性まひ者や筋ジストロフィーの方では，あまりに同一部位の動きを反復すると疲れやコリが生じやすいので，進め方に配慮が必要である。いったん他の課題に替えてみるのも，展開としてはあってよいだろう。このような全体的な進行状況についても，マネジメントしていく必要がある。

Kくんの訓練

　今日のKくんの目標と課題は，「トレーナーと訓練のための関係づくり。仰臥位で足首と肩のゆるめをじっくり。その後，側臥位に姿勢を変更して，肩を開くようにひねる。そこまでうまく進めば，座位で背中を伸ばす動作。やり方はさまざまに工夫する。ただしKくんの特性に配慮して，明示的に簡潔に伝えること。トレーナーの声と手の合図に合わせられたら最高」となっている。

課題を伝え，積み上げる

　これを進めるためにはまずトレーナーはKくんに仰臥位になってもらわなくてはならない。「ゴロンしよう」と言語指示するのか，そのとき身体援助をするのか，マットを指さすのか，あるいは自身がやって見せるのか，選択肢は数多い。もしかするとKくんが前回の記憶を頼りに，はじまりを察知して，寝転がるかもしれない。この課題の姿勢になるという導入がKくんとトレーナーにとってのまずひと山となる。

　次は寝転がってくれたKくんの足や肩に触れさせてもらう。Kく

んは触れてくるトレーナーの手から逃れるようにさっと引っ込めたり，身をよじって避けたりするかもしれない。いきなり身体を触れられることは，ASD 者では苦手なことが多い。これから起こることの見通し（予測）の持ちにくさや接触過敏などが要因である。ここでも言語による援助や分かりやすく触れること（例えば K くんに見せながら触れる），モデルを見せることなどが必要かもしれない。

　ASD 者との動作訓練では，動作課題に入るまでにすでに多くの課題に取り組むことになる。さかのぼれば保護者が家から会場に連れてくることから課題は積み上がり，会場に入り，マットに座り，はじまりのあいさつを済ませ，一緒に取り組むトレーナーの接近を受け入れ，課題に取り組む姿勢を取り，身体接触を受けとめる。トレーナーはこうしたところまで課題として認識し，トレーニーにとってどこのあたりに難しさがあり，援助や待ちが必要なのかを見極めながら，進めていくことになる。積み上げの確認のないまま導入していくと，ときに訓練への拒否や逃避を生じさせかねない。これは正確にいえばトレーニーが拒否や逃避をしているのではなく，トレーナーも含む周囲の配慮や働きかけ方が本人に合っていないために，拒否や逃避という行動を引き出してしまったと理解すべきである。別の言い方をすれば，マットまできて，「さあやるぞ」というまでには，トレーニーと保護者がいくつもの課題をすでに達成してきているのである。その上に動作訓練はのせてもらっている。

入り口から展開へ

　さて動作課題の入り口まできたとして，そこまでの課題積み上げの意識があれば，最初の課題伝達は慎重かつ丁寧になる。足首に手をあて，軽く曲げるように誘導し，その手に柔らかくついてくるのか，それとも抵抗感を感じるくらい足首の緊張が入ったままなのか，トレーナーに動かされるがままで，知らんぷりなお任せ状態なのかといったことを細かくモニターしながら進めていく。ついてくるの

ならば，もう少し幅を広げようとトレーナーが主導するかもしれない。緊張が入ったままならば，少し戻して待ってみるだろう。知らんぷりならば，「ここ動かすよ」と声をかけながら，少しだけあてている手を動かして，触感からも注意が向くように働きかけるだろう。これらを働きかけながら，表情や全身の様子を観察し，情動状態の把握にも努める。

ふたりでしっかりやってもらう

ちなみにこのようなトレーナーの働きかけの最中，スーパーバイザーとしては声をかけたり，手を出したりすることは避けたほうがよいだろう。アドバイスとして声かけすることが外からの不要な刺激になりかねず，ふたりの営みを邪魔することになる。このようなトレーニーとトレーナーの訓練セッションに，スーパーバイザーとして，どのタイミングでどのように介入するかは気をつかう。

Lちゃんの訓練

今日のLちゃんの目標と課題は「身体に触れたり一緒に動かしたりすること，場所や雰囲気に慣れること。動作課題としては，座位での腰を立てて，背中を伸ばす動作，肩のリラクセーション，立位での重心移動。これらを通して，トレーナーと保護者がLちゃんの身体の動き方の特徴について把握すること」となっている。

初めての訓練

幼児期の初参加のトレーニーにとって，動作課題に取り組むことそのものが難題である。導入の手続きを丁寧に積み重ねていくという意味では，Kくんと同じである。Lちゃんの場合は，保護者からの要望もあり，ゆるやかに発達している運動面の上達を主たる目標にしていることから，遊びも含めて動きながらアプローチしていくことになる。手をつないで散歩，手遊び，抱っこでの揺らしなど，

一緒に身体を動かす関係を入り口として，具体的な動作課題にも展開していきたい。ダウン症をはじめとする知的理解に制限のあるトレーニーの場合，「これはイヤ（苦手）」となったときに，思いがけずその思いが固定化し，長期化することがある。後日になっても，イヤとなったときのトレーナーや課題をよく覚えていて，その場面が再現されそうになると，拒否を示すことがある。ネガティブな情動的記憶の解消の難しさを痛感するわけだが，できればそのようなイヤ体験は避けたい。訓練はその日だけで終結するわけでないので，「次もやってもいい」と思える体験にしておきたいと考える。トレーナーには焦らず，Ｌちゃんの様子によっては動作訓練をしないことがあってよいことも伝えておく。

　課題への導入はあの手この手である。ダウン症の子どもが得意な模倣を利用して，座位姿勢をとってもらいながら，目の前で保護者に同じ姿勢をとってもらう。背中や腰に手をあてて，「ここだよ」と声をかけながら，ときに早く，ときにゆっくり動かしてみる。トレーニーからわずかでも自発的な動きが見られたら，トレーナー，保護者，スーパーバイザー総出で大げさにリアクションする。ひとつひとつの課題をあまり長時間続けると，新鮮味が薄くなり，取り組みがボンヤリしてくる。肩のリラクセーションに課題を変更し，上下と開きの動きを他動的に誘導する。先ほどとは少しテンションを変えて，ゆったりした声掛け，雰囲気を出していく。少しじっくり取り組めたところで，「はい，立ってみよう」と課題を転換する。テンションも少し上げて，トレーナー，保護者，スーパーバイザー全員立ち上がり，前後左右に少しだけ援助しながら，足の裏を広く使って踏みしめられるように援助する。このときお尻が引けてくるだろうから，そこを少し援助する。大きく重心移動させるとバランスを崩して座り込んでしまうことがある。こういったちょっとしたエラーが"やる気"を一気に萎えさせることもある。慎重かつ大胆に動かしながら，自分の重心を受けとめ，バランスをとれていること

を感じてもらう。「これ楽しいね（怖くないね）」と願い込みの声か
けも加えていく。初参加のＬちゃんへの導入もめいっぱい気をつか
うのである。

保護者にとっても初めての訓練

ひと通り課題を行ったところで，無理せず休憩をいれる。そのと
きに保護者に説明を行う。実際に訓練を行い，保護者にはそれを見
てもらってから，こちらの見立て，目標や課題を伝えていく。保護
者はＬちゃんの動作訓練を初めて体験したわけで，そこからさらに
ニーズや日常の様子などの情報が交わされていく。ひと通りセッシ
ョンを終えた後のほうが，話し合いは具体化しやすい。

スーパーバイザーとしては，この時点で動作訓練が身体の動きだ
けでなく，課題に取り組む関係づくりや気持ちの切り替え，課題に
集中すること，相手とやりとりすることなどの練習にもなることを
伝えていく。保護者にこのような理解がないと，動作課題に取り組
んでいる以外の時間が，意味のないものとしてとらえられ，「早くや
りなさい」「真面目に取り組んで」と思わぬ声が保護者から飛んでき
て，セッションの展開が不自由になっていくこともある。課題の合
間にも意味があること，保護者にも焦らないでほしいことを伝えて
いく。

6-3　訓練中

ここではセッション中にスーパーバイザーとしてどのようなアド
バイスをおくるか，あるいはトレーナーとしてどのようなことに気
をつけてほしいかを述べていく。

Ｊさんの訓練中

Ｊさんとひとつひとつの動作課題を進めていくと，身体の各部位

に動きにくさやかたさがあることが見えてくる。例えば，足首のあたりや膝の伸び具合，ひじや手指，その他多くの身体部位が気になってくる。課題を進める過程でそのような気づきがもたらされることは大事なことであり，トレーナーが気づくこともあれば，トレーニー自身が気づくこともある。

さてここで判断する必要が生じる。はたして新たに気づいた身体の特徴に対応した課題を追加設定し，取り組むか否かである。ここでスーパーバイザーも交えて，再度見立てや方針の確認が必要になる。「身体のきつさを解消して楽になって帰りましょう」を主たる目標とするならば，ひとつひとつの身体部位に取り組むこともあるだろう。一方で，「普段とることの多い座位姿勢の安定，さらには膝立ちの重心移動からの移乗を目指そう」が主ならば，座位の安定を目指す課題に移行して，さらに膝立ち姿勢での課題につなげることを勧める。

訓練には常に時間や回数という条件がつきまとう。主たる目標に照らし合わせて課題間に優先順位をつける，重みづけをするという作業が必要となることが多い。逆にいえば，そのセッションでは，ある課題は取り上げないという判断も求められる。セッションを進めながら，目標そのものまで立ち戻って，微調整，再調整することがあってもよい。セッションのなかで得られた実感や実態を目標設定や課題選択に活かしていくことは，当然なされるべきである。

今日のJさんでは，主たる目標を座位姿勢の安定や膝立ちでのチャレンジにもっていきたい。しばしば経験されることだが，座位や膝立ちでタテ系課題といわれるような全身的な調整や重心移動，踏みしめ課題などに取り組んでみると，各部位の動きにくさやかたさが解消されていることがある。そのようなとき身体は相互に強く結びついたシステムであることが確認される。これもまたトレーナーにとってもトレーニーにとっても重要な気づきとなるだろう。

Kくんの訓練中

Kくんとトレーナーの訓練は導入がうまく進んだようである。トレーナーの働きかけにKくんは応じ始めている。ここで難易度を上げて，いわゆる課題性を高めたくなる。Kくんにより難しい課題に取り組んでもらいたくなる。このとき意識しておくことは，トレーニーにとって難しいということは，トレーナーにとっても課題が難しくなっていることである。

課題の難易度を動かす

Kくんのようなタイプのトレーニーの場合，難易度は二つの側面で調整することができる。ひとつは動作レベルを調整することであり，もうひとつはやりとりレベルの調整である。

動作レベルでは，側臥位での躯幹のひねり課題を例にすれば，動きの幅や時間をより大きくより長く調整してリラクセーションに取り組んでもらうことができる。あるいは，躯幹のひねりのひねる部位を上体全体でひねるのではなく，肩回りに限定したり，少し上目の方向にひねったりと細かく調整することもできる。いずれにしてもKくんにとっての動作レベルの難易度は上がる。

やりとりレベルの調整では，トレーナーの「せーの」の声掛けに合わせて動き出すことや，トレーナーの手で伝える方向を少し変えたときにそれに応じること，同じく「止まろう」や「もっと動こう」の手から伝わるメッセージに応じるという調整もある。もちろん課題の繰り返しの回数を増やすことも難易度を上げる。

最初に設定した課題，導入に用いた課題がそのまま継続することもあるが，実際にはこのように微妙な難易度の調整が行われていく。これもJさんと同様に，セッションのなかで得られた実感や実態を活かしていく実例である。

ただKくんのようにASDの特性のあるトレーニーの場合，心地よく課題を終わるということは，導入の丁寧さと同じように心がけ

ておく必要がある。課題の難易度を上げすぎて，うまくいかずに終わってしまった場合，Kくんに求めたゴールやトレーナーの課題意図が不明確になるおそれがある。「できた，上手だった」となるよう全体をマネジメントしていく必要がある。

Lちゃんの訓練中

当初はノリノリで課題に取り組んでいたが，次第に課題への誘いに応じなくなってきた。トレーナーも苦戦している。このようなときにトレーナーは粘って続けるのか，いったん休憩や気分転換を図るのかを判断するのは難しい。

訓練にのらないこともあってよい

Lちゃんののれなさは把握しつつも，同時にトレーナーは「やらねば！」の思いにかられやすい。せっかく参加してくれたLちゃん親子にとって少しでも有意義な時間，成果をもたらしたいと思うのは自然なことだが，少し離れた立場から観察していると粘りすぎないほうがいいと見うけられることが多い。このときスーパーバイザーとしては次のセッション，あるいは次の訓練機会を考えて休憩をアドバイスする。「次またやりたい」少なくとも「やってもいいよ」くらいの体験となるよう，ペースや展開を調節しなくてはならない。

または役割を交代して，スーパーバイザーがトレーナーとして関わることを選択することもある。相手が代わると気分が代わって取り組んでくれるという期待もあるが，スーパーバイザーが関わっても，結果的にうまくいかないことをみせるのもトレーナーや保護者には学びのチャンスとなる。もちろんスーパーバイザーとしては，Lちゃんにうまく働きかけ動作課題への取り組みと達成に導きたいのだが，それはやってみないとわからない。

動作訓練は，単にトレーニーの身体の状態とそこに合わせた課題があって，それらを機械的に遂行するような単純作業ではない。主

体者としてのLちゃんと，同じく思いや願いをもったトレーナーが共同する営みである。気持ちが課題に向かうこともあれば，向かわないこともある。もちろん課題にたくさん取り組めるよう細心の配慮と技術を駆使するが，うまくいかないこともある。粘って働きかけ，あの手この手を駆使して，うまく共同できたり，失敗したりするのもひっくるめて動作訓練だと学んでくれればよい。

6-4　訓練の後，評価，振りかえり

　セッションが終了したところで，その日の評価をトレーニー，トレーナー，スーパーバイザー，保護者で行う。動作訓練の評価は，トレーニーに生じた変化と，その日のトレーニー，トレーナーと取り組んだセッション全体が対象となる。

Jさんの振りかえり
　全身的な身体のかたさから生じた動かしにくさを持ってきたJさんにとって，まずは身体の各部位がゆるみ動きやすさを実感できているかが評価のポイントになる。具体的には部位の可動域が広がったことや，動かすときに軽く感じたりすることでそれらが表現されるかもしれない。加えてそのような身体で座位姿勢をとったときに，安定感がある，どっしりした感じ，倒れにくいなどの感想が聞ければ，この日の目標に迫れたことになるだろう。

トレーナーの学び
　トレーナーとしては，観察で得られた印象や手ごたえと，Jさんの感想とが一致していれば，今日の実践そのものの評価もよかったことになる。まずは担当したトレーニーの動作上の変化について評価できるようになるとよい。次に，その日のセッションにおける課題の構成や内容を評価することができるようになると，今後，自ら

プログラムや課題構成を考えていく力になる。さらに，扱えなかった課題や達成できなかった課題といった今後の課題についても話題にしていけるとよい。このような振りかえりが，長期的な視点をもたらしてくれる。

Jさんの感想に見る動作訓練の目指すところ

成人トレーニーとのセッションを終えた後の感想で，「がんばってよかった。自分の身体が戻ってきた感じ」といった趣旨の発言を聞くことがある。これは動作訓練の目指すところがよく達成されたことを意味しているだろう。

動作訓練では主体者であるトレーニーが自分の身体に向き合い，その動きや使い方を工夫しながら，自分のものにしていくことが基本とされる。身体をトレーナーに委ね，他動的に動かされたり，指示されるがままに動かしたりするような"やってもらう"ばかりの訓練ではない。そこはマッサージや整体の施術とは全く違うところである。やってもらう施術でも身体は改善されるだろうが，動作訓練では自分で自体を変えていく自己努力で手に入れてもらうことを目指す。「（トレーナーに）やってもらって気持ちよかった」も悪くないが，できれば「頑張っていろいろと自分なりにやって，うまくなりました」と感想をいただきたいものである。

Kくんの振りかえり

ASDなどの発達障害のあるトレーニーの場合，その変化の評価をセッション中や直後に行うことは難しい。目標とする中心課題が身体面の動きやかたさにあるときは，その変化をその場で見ることもできるが，情緒的な落ち着きや，行動面の変容，対人的な応答の仕方などを主な目標にしている場合は，その評価は日常全般で行う。そして後日の様子については，保護者に教えてもらうことになる。直後の評価はセッション中の印象を情報交換し，それらが日常につ

ながることを願いながら，保護者に託していく。

　セッション中にトレーナーが抱く印象は，例えば，「ゆっくり自分の身体を動かせるようになってきて，丁寧な動きや身体のイメージが増えました」や，「躯幹のひねりのとき，トレーナーの手が押してくるのを待っていて，一緒にスッと動かす感じがしました」となる。まずはこのような印象を保護者と共有できればよいだろう。

　このような動作訓練を通じて得た体験が，心理面，行動面，コミュニケーション面などに変化をもたらすことがある。このような説明を保護者に提供して，保護者とトレーナーに，動作訓練でもたらされた体験のさまざまが，日常にあらわれるという評価視点をもってもらえるとよい。そのためにも継続的な参加を願うところである。

　Lちゃんの振りかえり

　まずは今日一日，動作訓練のセッションに参加できたことを大いに褒めたい。成果や今後の課題はその後でよい。トレーナーやスーパーバイザーは参加回数が重なってくるとこのような普通の感覚に鈍くなってくる。

　「一日，よくがんばりました」のメッセージに加えて，今日取り組めたことや，もしあれば動作上の変化などを保護者と共有していきたい。初参加の保護者なので，このような共有を通して，身体の動きや生活動作の理解の仕方などを一緒に学んでいってもらう。

　評価，振りかえりの意味するところ

　スーパーバイザーが何を評価してみせるかは，何を大事にしているのか，何を目指しているのかを伝える作業でもある。その意味では，評価や振りかえりはメッセージ性を含んでいる。

　訓練の後の振りかえりでは，課題達成，難題克服への動機が先行して，できなかったことや，達成できなかった課題にばかり視点が向くかもしれない。子どもが幼いときはこのような思いを抱くこと

も少なくない。そのような保護者の思いを否定することはないが，そこだけにシャカリキにおつきあいするのは避けたほうがよいだろう。

　例えばLちゃんにはこれからも多くの課題や難題があるだろう。正しく言うならばLちゃんを取り巻く大人は，これからもずっとLちゃんに多くの課題や難題を見いだすだろう。Jさんは長年，ひとつひとつの課題に丹念に取り組んできた。それは課題を解決して過去のものにしたという意味ではなく，ずっと自分の課題として取り組み続けてきたという意味である。Kくんは成長に伴い，あるいは成長したからこそ生まれる課題もあるだろう。動作訓練はその一部に応えられるかもしれないが，あくまで一部でしかない。そもそも応えられないことも少なくない。

　インテークやセッションを振りかえるということは，彼らの持っている課題に対する我々の考え方や態度を示すことになる。広げていえば，こちらの障害観や教育観がそこに開示される。できなかったことを羅列する姿には，過度の克服主義や減点主義を見せてしまうかもしれない。できない動きばかり細かく指摘する視野の狭さも露呈するかもしれない。動作訓練を行う我々の子どもの見方，障害というもののとらえ方，アプローチの姿勢が評価を含むセッション全体を通して見えることになるだろう。心しておきたいものである。

コラム
自分のことを表現するチカラ

　親の会主催で毎月開催している，肢体不自由のあるトレーニーを中心としたある訓練会では，一日の最後にトレーニー，トレーナー，保護者，スーパーバイザーで振りかえり会を行う。今日取り組んだこと，がんばったこと，感じたこと，気づいたことなどをそれぞれに一言話してもらうのだが，トレーニーのMさんには訓練以上に大

変な時間だったかもしれない。

　Mさんは日常会話においてはほとんど支障を感じさせないほど流暢に話してくれる。発想も豊かで聞く者を笑わせてくれる。自分からあいさつもできる社交性の持ち主である。ところが訓練を振りかえることもだが，その日の自分の調子や身体の状態を話すことがあまり得意ではなかった。問われるとチラッとお母さんの顔をみたりしていた。お母さんも心得たもので「自分で言って」とバトンを渡す。

　毎回，インテークや訓練のときに，最後の振りかえりのときに「問われる→答える」の練習を重ねてきた。ここにきてずいぶんと自分のことを表現できるようになってきた。今ではお母さんの顔を見ずに，トレーナーと直接的にやり取りするようになってきた。これはMさんの将来の生活にも役に立つのではないかと考えている。

7. 導入という技術

　動作訓練は障害を持つ者をその対象としており，そこには乳幼児期から児童期の子どもも含まれている。また発達障害や知的障害を持つ子どものトレーニーも同様であるが，彼らは自ら好んで訓練を受けに来るわけではない。お気に入りの先生や友達に会うこと，合間のレクレーションを楽しみにしているトレーニーはいても，概して訓練が好きなわけではない。はっきりいえば「嫌い」なトレーニーのほうが圧倒的に多いだろう。

　一方で，動作訓練はトレーニーの動作がその対象である。しかもそれはトレーニーが主体的に発してくれる動作である。トレーナーが他動的に動かすものではない。つまりトレーニー自らの参加が不可欠である。まったくの拒否状態や無反応では，動作訓練にならない。

　この二つだけでも「導入」が重要であることは明らかである。ここでは導入について整理して，それを技術論として解説してみたい。

　導入の入り口

　導入とは，セッションが始まる前に始まっている。ある親は写真カードと視覚化されたスケジュールを使って，子どもにその日が訓練であることを伝えているという。会場に向かう車から見える風景で，訓練に向かっていることに気づくトレーニーもいる。保護者は，我が子が訓練によく取り組めるようずいぶん前から試行錯誤しているらしい。

　トレーナーは担当トレーニーと会場で出会ったところから導入が

始まる。まだ課題を伝えたり，身体に触れたりしていなくても動作訓練は始まっていると考えたほうがよい。積極的に声をかけたり，保護者と話をしてみたり，近づいてみたりしながら，すでにセッションに向けた取り組みが進んでいる。あるカウンセラーはクライエントが入室して挨拶を交わしながら席に着くまでの様子をみて，その日の第一声（最初の発問）を決めていくという。動作訓練ならば，セッションはじめの最初の働きかけを判断することになる。

導入の具体例①

Nくんは訓練室に入室する前から声が聞こえるような元気な男の子である。入室するなり矢継ぎ早に話しかけてくる。入室してトレーナーに会うことも新たな刺激となり，テンションが上がっていく。動作課題は静的な姿勢でじっくり動かすことになるのだが，いきなりの課題ではNくんにとって難しい。無理に導入しようとすると，身体をよじったり，キョロキョロと周囲を見回したり，しゃべり続けたりして，トレーナー，トレーニーとも「できない」という体験になってしまう。

そこでNくんとはまず手をつないで歩くことにする。Nくんのお話につきあいながら，こちらも質問したりするがそこはいまひとつかみ合っていかない。どうしてもNくんの話したいことが優先される。しかし歩行のスピードは合ってくる。こころもちスピードを落とすと，Nくんもスピードを落としてくれる。〈左に曲がって〉と言葉と手で伝えると，それにもスッと応じてくる。〈もう一回，左〉〈少し急ぐ〉〈ちょっとゆっくり〉と，少しずつ間隔を詰めながら提案していく。次第にNくんのおしゃべりは減り，一緒に歩いているという感じが高まってくる。ここまでくれば〈さあマットの上に座ってみよう〉と提案すれば，手をつないだままスッと座り，動作課題に誘うことができる。

導入の具体例②

　Oくんも Nくんと似たようなところもあるが, より年少のトレーニーである。この訓練室は狭くて歩くことが難しい。また体幹を保つことが難しい Oくんは, 歩くたびに身体全体がグニャグニャと動いてしまい, かえって落ち着かなさを増幅させることもある。

　身体の小さい Oくんとは, 高い高い風にその場でのジャンプを繰り返すことにした。最初は持ち上げられて喜んでいる Oくんも次第に自分で飛ぼうとしてくる。十分に楽しさのテンションが上がったころに〈後3回〉と宣言する。最後の1回の直前に〈着地したらゴロンしよう〉と予告しておく。思い切り最後のジャンプをした後は, ふたりで寝転ぶ。テンションを高めた後は, 静的な姿勢にとどまることがやりやすい。〈そのまま寝ていてね〉と声をかけながら, 足首や膝などの単位部位の小さな動作から導入していく。足, お腹, 肩と部位を変えながら, いくつかの動作課題にチャレンジしていく。ムズムズと身体が動き出し, 注意が散漫になりだしたら, またジャンプに戻る。今度は少なめに飛んで, また寝てもらい, 次の動作課題にチャレンジしていく。

導入の具体例③

　Pさんは知的障害と ASD を持つ高校生である。聴覚と触覚の過敏, 不眠, かきむしり, 常同行動があり, 一緒にいるお母さんの手もかきむしってしまい, 親子で手がボロボロであった。歩行はできるが床にぺたんと座っていることが多く, 側彎傾向も見られていた。

　初めての動作訓練への参加である。まずは隣に座ることからはじめた。しばらくしてそっと肩に手をおいたが, すかさずかきむしられてしまった。〈ごめんね, 急に触って〉といいながら, あなたに触れるよということを触れることで伝えていく。肩, 首, 背中, 足裏, 足首……, Pさんが不快でない場所を探していく。途中何度かかきむしられる。触れ方は, まずはそっと手を置き, 大丈夫そうな

ら少し圧を加えてみる。圧を強めたり弱めたりするところまででその日のセッションは終了した。

　翌月の訓練会，手をあてていられる時間と場所が増えていった。身体的な距離も近くなれる。両肩に手をおいて，スッと開くほうに誘導してみる。ここはまだ難しい。動く，動かされるというところまでは至れない。たまにかきむしられるが，こちらも予測できるようになっているのでお互いにいくらか余裕がある。1回目より一緒に居られるようになったことを保護者と確認して終了した。

　現在では，側臥位での体幹のひねり，座位での前屈，立位での重心移動といった課題を取り組めるようになった。なにより〈始めるよ〉と近づくと笑顔である。手招きすらしてくれる。ここまでおよそ半年くらい。

　導入の具体例④

　Qさんは脳性まひを持つ中学生である。活発なお子さんでスポーツや勉強に励んできた。ここ数年，さまざまなアクシデントや環境の変化にみまわれて，気分の落ち込みや不安の強さなどが出てきている。学校で過ごせる時間も短くなっていた。

　Qさん親子は動作訓練を「身体のリハビリしながら気持ちを癒してくれるもの」と，知り合いに紹介されて，訓練会に参加してきたらしい。まずはじっくり話を聞いていく。今のこと，前のこと，本人とお母さんから話を聞きながら，身体にまつわることも話題になるようにしていく。おしゃべりも交えながら小一時間話し込んだ。合間に身体の調子，気になること，これまで受けてきたリハや治療なども把握しておく。いったん心理面について見立てを説明し，Qさんとお母さんに動作訓練のお試し体験を勧めてみる。

　面接で語っていた肩回りのきつさをまずは中心課題にする。肩の開きでは，最初は動きの幅が狭いが，援助のなかでQさんなりにゆるめ，広げようと努力する。その努力を賞賛する。〈動かせたから偉

いってのもあるけど，自分の肩を工夫して動かそうとしているところが偉いんだよ〉と褒めていく。

肩を上下に動かす課題では，あまりの動かなさに親子でびっくりしている。力を入れても動かない肩に戸惑いをみせる。〈宿題できたね〉といいながら，今後の課題としていく。

訓練会なので周囲で多くのトレーニーが訓練に取り組んでいる。親子でその様子を見ながら，訓練会の雰囲気を感じている様子である。Ｑさんには周りの様子がどのように映っているのだろうかと思いながら，この日は終了した。

導入から課題動作につなげる

どのような導入を行うか判断するには，そのトレーニーにどのような動作課題を選択し，どのような進め方をするのかをイメージしておく必要がある。例えばＮくんやＯくんのようにエネルギッシュでテンションが高く注意が定まりにくいトレーニーの場合，自分の動作に意識を向けてコントロールするような動作課題が設定され，トレーナーと共同しながら，ゆっくりじっくり動かすことを求めたい。そうなるとそれに至りやすい導入を，本人の特性に応じて設定することになる。そこでＮくんは歩きながらトレーナーからの提案に応じるという形を徐々に作っていった。Ｏくんは最初からじっくり動かす動作課題を導入しても難しいと判断し，ジャンプ遊びをすることでテンションを上げ，その反動を利用して，テンションを下げながら静的な課題に取り組んだ。

導入では，遊びを取り入れることも少なくないが，その遊びの持つ特徴を理解しながら取り入れることが求められる。その遊びが，激しく動く，静かに動く，子どものテンションを上げるのか沈静化するのか，キリがいいのかなどを考え，その後の動作課題につながりやすいものを選択していく。

出会ったところからやりとりは始まっている。このやりとりの持

ち方も導入につながっている。例えばNくんのようなタイプのトレーニーでは，彼主動のおしゃべりにしっかり楽しく応じ続けてしまうと，なかなか課題に取り組む状態に持っていくことが難しい。そこでNくんの会話に応じながらも，できるだけこちらから話題や活動を提案していく。やりとりが対称的になっているよう心がける。

　一方で，タイプは異なるが，Qさんとはしっかり会話をした。そのやりとりは主にQさんの話を聞くという持ち方であった。話をすることで，Qさんとは一緒に難題に取り組む関係になれると判断したからである。実際にその後の動作訓練では，難題も一緒に抱えられる展開になっていった。

　ちなみにQさんとは会話のなかで，話題を身体についても振っておいて，動作訓練で取り組む課題を探しておいた。〈先ほど肩がこってキツイと言ってたよね〉と話しながら，肩の動作課題に導入した。そのことでQさんが「初めて取り組む動作訓練」に対して不安が大きくならないよう配慮した。話題と動作訓練がつながっていった。

　導入は慎重に

　Pさんとは時間をかけた導入を行った。Pさんにとっては導入が進んでいくことそのものが課題といってもよい。それは働きかけ手であるトレーナーも含めた外界と，過度に緊張や恐れをいだくことなく接していられることを意味している。

　Pさんとは，「一回のセッションの時間内で，動作課題に取り組めなくてもよい。少なくとも次のセッションのはじまりにあたり，前回よりも警戒したり，嫌がったりすることがなければ充分である」と割り切っていた。

　動作訓練というのはある意味では特殊な状況下にトレーニーを置くことになる。トレーニーからすれば，身体をある程度預け，身体に触れさせ，提示される動作に応じていくという，日常ではあまり

起こり得ない状況である。トレーナーがその特殊性を自覚するならば，導入は慎重すぎるくらいでよい。

コラム

参加しなくなったトレーニーと保護者

自由参加，出入り自由の訓練会をひとつ運営している。1回目は見学兼お試しで，2回目以降は訓練しましょうという趣旨である。20年毎月続けている。参加者は200組を超えている。ほとんど皆勤で参加する親子もいれば，ある時期に集中的に参加する親子もいる。そして1回あるいは数回で参加しなくなる親子も少なくない。

訓練会は学校や施設ではないから，理由がなければ参加しなくてもよいところである。つまり参加しないのには理由があるはずだ。親子のニーズにこの訓練会で提供しているものが合わなかった。不十分な内容だった。成果を感じられなかった。雰囲気があわない。日程が取れなくなった。そんななかに，導入である最初の訓練機会がうまくいかなかったがあるに違いないと思う。

目指すところは来た人が全員次も来ること，ずっと参加し続けることである。

8. 動作訓練の訓練会・キャンプ

8-1 動作訓練の訓練会・キャンプの紹介

活動の場の創造

動作訓練は，その開発と並行して，その活動の場を作ってきたという特徴を持っている。週例会や月例会といわれる定期開催の通いでの訓練会，1泊2日〜7泊8日までの集団集中宿泊訓練（キャンプ）が各地で拠点的に作られてきた。全国を見わたしても，訓練会とキャンプのいずれも実施されていない都道府県は，ほとんどないだろう。

実践においては，訓練会やキャンプがその中心的な役割を果たしてきた。その形態は集団集中訓練方式で，参加者はほとんどの場合，スーパーバイザーを含むトレーナー，トレーニー，保護者や同伴者から構成される。主なプログラムとしては，インテーク（予診）と呼ばれる時間，訓練セッション，振りかえりのミーティング，研修などが設けられ，長時間の場合には集団療法（活動）や食事やおやつなどの時間も設けられる。このすべての時間や活動が参加者にとって有意義な時間となるように，かつ中心である訓練セッションが有効に機能するようにプログラムされており，そこには心理学的な発想が随所にちりばめられている。それ故，活動全体を心理リハビリテイションと呼ぶようになったのかもしれない。

実施主体は大きくは二つであり，ひとつはトレーニーの保護者達から構成される親の会，もうひとつはトレーナー，スーパーバイザーの集まりである研究会である。親の会は，各地区の肢体不自由児者父母の会や育成会などと重なっていたりするところもあれば，ま

ったく独立しているところもある。研究会は，特別支援学校をはじめとする学校の教員や大学関係者，福祉領域の職員などで組織化されているところが多い。研究会と名称をつけている会が多いのは，実践と研究の機能を持っていくことが意図されているのだろう。この親の会と研究会が単独に，もしくは共同開催しながら，動作訓練の活動の場が作られてきた。数は少ないが，行政機関や学校単独で主催してきたところもある。

　年に1回開催されている「リハの会」といわれる全国大会があり，ここにはスーパーバイザー，トレーナー，トレーニー，保護者がそれぞれの立場で参加している。年齢も多様，職種も多様，障害種も多様，これがこのリハの会の魅力であり，動作訓練の活動が培ってきたユニークさをあらわしていると感じている。

　長年，目的を持った多種多様な人材がこの場に凝集してきたことで，ある種の文化を持った地域活動となり，コミュニティやネットワークが生み出されてきた。動作訓練が地域で展開されてきた背景には，コーディネートやオーガナイズの役割を果たしてきた人がいるのだろう。これを親の会や研究会のメンバーが担ってきた。実施するための会場を借りたり，参加者の募集をしたりといったことから，当日のお茶やおやつの準備といったこともある。資金作りのために行政へ申請したり，後援依頼をしたり，企業協賛に申し込むようなこともあるかもしれない。動作訓練の場というのは，こういった活動の上に成り立っている。

　動作訓練の場には，トレーニーとその保護者，トレーナー，スーパーバイザーが主な参加者として集まっているわけだが，それぞれにおいてその動機や目的，価値があると思われる。以下，これまで接してきた彼らの思いや様子を少し整理しながら，課題にも言及したい。

トレーニー

　トレーニーの参加の主たる目的は，訓練を受けることにあるが，その目的が自発的か否という点では大きな違いがある。幼少期から学齢期の場合，ほとんどは保護者が我が子に訓練を受けさせたくて，彼らは連れてこられる。本人の自発的主体的参加はまずない。合間の時間にスタッフと遊んだり，同世代の子どもと交流したりという動機づけを高める要素はあったにしても，自ら訓練を受けたいと思って参加はしていないだろう。なかには嫌々，半ば強制的に連れてこられたという体験をのちに語ってくれるトレーニーもいる。昔は泣きながら訓練をがんばったなどという話もまれではない。これまではトレーニーの年齢が幼い間は致し方ないことと片付けられてきたが，果たしてそれでよいのだろうか。低年齢のトレーニーが自ら行きたくなるような訓練会は作れないのだろうか。

　多くの子どもはこども園や学校には主体的に通っている。園で過ごすことを楽しみにしているように見える。母子分離が難しくて，教室に入ることを嫌がる子どもはいるが，多くの子どもは保護者の姿が見えなくなると，案外けろっと機嫌を戻して仲間や先生と遊んでいる。また分離抵抗の期間もそう長続きはしない。幼いトレーニーでも動作訓練の場に来たくなるような工夫を追求すべきと考えてきた。例えば，ある訓練会では，プログラムの途中に縄跳びをしにいったり，ケンケンの練習をしたり，絵を書いたりしている。単に気晴らしをしているわけではなく，本人がやりたい活動を話し合って（交渉しながら）選ばせるという時間と，それと関連付けながらいわゆる動作訓練をやる時間を組み合わせたりしている。「上手に縄跳びしたい」を叶えるために，基礎練習として動作訓練の課題をやってみてはどうかと交渉していく。何のために動作訓練をやるのかを，一緒に考え，交渉していくことは彼らの動機づけを助けてくれるだろう。

　また音楽に合わせてリトミック風に歩き回り，ストップをかけて，

動作課題に取り組むグループを作ることもあった。ホールを一緒に走り回り，コースを作り，その一部に訓練マットをおいて，そこで休憩と称して静的な動作課題に取り組むトレーニーもいる。バランスボールやトランポリンといった感覚遊具と動作訓練も相性よく取り入れることができる。動作訓練の進め方はもっと自由にできる。それが本来の心理リハビリテイションの目指すところである。

　一方，自ら訓練を求めて参加する成人のトレーニーがいる。子どものときに親に連れられてきていた子どもが，成人になって，自身の生活と身体の動きをまさに自分のこととして考えたときに，自分の生活に必要なこととして動作訓練を取り入れたと教えてくれる。トレーナーや保護者からすれば，そのトレーニーに訓練が必要なくなる（動作上の課題がなくなる）ことも願いのひとつではあるが，自ら必要としてくれることも願いのひとつである。

　このように自分に訓練が必要であると考えられるようになることは，自己理解や自己支援という言葉で括られることになるが，そこに至るまでの時間と体験は相当なものになるのだろう。彼らから「自分の今の生活を維持するためには，ある程度，今の身体（の動き）を維持していかないといけない」「訓練をして身体のケアをしておかないと，体調までおかしくなってしまう」「自分の身体に向き合う時間が必要なんです」といった話を聞くことがある。目標が改善から主に維持に推移すること，生活者の視点で障害とつきあっていくこと，自分と対話することといった目的の変化を，彼らの実体験として教えてくれる。

　このようなときに，トレーナーやスーパーバイザーはトレーニーに訓練を提供しているように見えて，同時に多大な学びを提供してもらっていることに気づかされる。生きた学びをトレーニーがもたらしてくれることを実感する。それぞれの参加目的は個別的であったり，共通的であったりするのだが，お互いの存在がそれぞれの参加する意義を提供しているのである。

保護者

保護者の参加目的は，我が子に訓練を受けさせたいということであろうが，参加回数が重なるほど目的が多様になっていく印象がある。また子どもの訓練の目的そのものも，その内容はゆるやかに変化していく印象である。子どもが幼少期や学齢期の頃は，障害による困難さを改善すること，発達的にいえばより高次になっていくことが目的であり，願いである。身体運動面でいえば，その時点の動作レベルよりも向上すること，生活動作の幅が広がり，遂行に関する自立度が増すことがニーズとして語られる。「できることを増やす」が参加の目的である。その後，第二次性徴期を経て身体の発育がおおよそ達成していく頃，しだいに目的が「できることを維持する」にシフトしていく。脳性まひ者をはじめとする肢体不自由者では，第二次性徴期で急激な身長の伸びや体重増加がもたらされる時期に，身体の状態が悪いほうに傾くことがしばしば経験される。具体的には，姿勢上は左右差が大きくなり側彎が進んだり，股関節まわりや肩回りといった部位の緊張が高まり歪みが大きくなったりすることがある。また痛みやまひの感じが高まることもある。その意味で，この時期は身体のケアをもっとも丁寧に行わなければならない時期である。この時期に，運動や姿勢の状態が厳しくなることを親子とも経験し，訓練の目的が，次第に今できることの維持に推移していくようである。

この目的の推移は，肢体不自由者の親子だけに生じるわけではなく，知的障害や ASD のある子どもと保護者にも生じる。第二次性徴期の終盤は，卒業後の生活も見えてくる時期であり，生活の設計をしていくなかで，今の我が子を受けとめ，我が子と社会生活の関係について具体感を持って考えなくてはならなくなる。この過程で，「もっとできるようになりたい。こういうことも獲得したい」という発想から，「今の我が子にはどのような生活が適応的か」という発想にシフトする中で，訓練や療育の目的が変わっていくのだろう。

　さらに我が子が成長して成人になると訓練の目的の持ち方が変わっていく。この頃には保護者の願いは，子どもの日々の生活や思いを実現させることに移行していく。また，前項のトレーニーのところで述べたように，訓練の目的を持つ主体が，保護者から子ども自身に移っていく。そこで「（成人した）子どもが○○という目的で訓練を受けたがっている。だからそれをサポートする。」や「それを望む限り実現させたい」というのが，保護者の願いとなっていく。

　このように子どもの成長とともに訓練の目的が徐々に変化していくのに伴って，参加そのものの目的が多様化していくようである。それは例えば親の会主催の訓練会などでは，保護者の役割としてあらわれてくる。最初は訓練を受けるために参加する一組の参加者にすぎない。それが次第に，我が子が訓練を受けるためでもあるが，みんなが参加する訓練会全体が継続的，安定的に運営されていくことを考えるようになっていく。具体的には，会のなかで様々な運営役割（会長，会計，連絡係，渉外など）を担っていく保護者も多い。この頃には我が子の訓練機会として訓練会があることを願いながら，同時に仲間や後輩の子どもたちの訓練機会を提供していくことを願っていく。このような保護者にたくさんお会いしてきたが，訓練会の場が互恵的であることをその度に実感してきた。

　願いや目的の変化は，子どもの年齢経過や生活環境の移行に伴って自然と生じるものであり，ある意味では適応的であり，生涯発達的な意味合いも持っているように考える。一方で，あえて課題として述べるならば，目的や願いが滞り，偏る保護者に出会うこともあった。一時的に偏ることもある。例えば，我が子の訓練機会の確保のみを主張されたこともあった。この滞りや偏りがときに親子の生きづらさとしてあらわれてくることもあり，支援したくもなる。ライフステージや子どもの生活状況に合わせて，動作訓練の目的を考えることができるようになったり，会のなかで社会的な役割を果たしたりしてほしいと期待を持つこともある。しかしながら，そもそ

146

も自発的に，自己選択のなかで参加した動作訓練であり，訓練会との関係の取り方も自由であったはずである。このような変化は周囲からの強い働きかけによって強いられるよりも，周囲の見守りや待ちの態度のなかで保護者自身の主体的な動きに委ねていくほうがよいのだろう。

コラム

保護者が育てる

　まもなく退職されるR先生との会話である。R先生はいろんな指導や技術を勉強され，教育現場に導入し，実践してきた正真正銘の実力者である。その強さゆえに「なんでお前らやらないんだ。こんなことも知らないのか。」と若手や同僚を叱咤し，疎んじられるところもあった。

　そのR先生が「自分で（自らの時間を使って）勉強したことを，担当している子どもにやってみる。そういう試行錯誤をしていると，子どもが変わってくれる。いつもと違う様子を見せてくれる。そういうところを保護者がちゃんと見つけてくれて，『先生，こういうところ変わったね』と言ってくれる。この一連の過程を知らないことは（教員として）不幸だ。」と話された。まったくその通りだなと思うとともに，R先生をずっと強く動機づけてきたのは，保護者だったのだと思い至った。R先生は「保護者はすごく小さいことでも見つけてくれる。いちばんよく分かってくれる。」とも付け加えた。

　トレーナーやSVを育てるのは保護者である。あらためて気づかされた会話であった。

コラム

事故とお父さん

　動作訓練は障害を持っているトレーニーをその対象としている。彼らと身体の動きという難題に取り組んでいくなかで，ケガなどの事故が発生することがこれまでにもあった。

　トレーニーのなかには骨が脆かったり，関節の可動域が制限されていたりして，身体を動かすことにリスクが伴う方がいることは周知のとおりである。だからといって事故は仕方ないといってはならない。そのことを踏まえて訓練をしているのだから，彼らの身体の状態は言い訳にはならない。

　約30年，動作訓練に取り組んできた。この間，明らかに訓練のなかで生じた事故の現場に2回遭遇した。いずれも骨折であり，入院を必要とする重症であった。またいずれも自分が主催者的な立場にあった。

　事故後の対応には誠意を尽くすしかない。関係者はお見舞いに行き，家族にそして本人に謝罪する。関係者と痛みと反省を共有し，再発防止に努める。1度目は事故に関するレポートを作成し，2度目は研修会を行った。幸いにして，ケガをしたふたりは訓練会やキャンプに戻ってきてくれた。そのことが関係者に与えてくれた意味は今でも大きなものである。

　ふたりのお父さんがかけてくれた言葉が忘れられない。ひとりは担当トレーナーに「これで止めたらダメだからね。すぐに（子どもに関わる場に）戻りなさい。」と叱ってくれた。このトレーナーは，その後も子ども支援の現場で働いている。もうひとりは「分かって預けていますから。ケガをするかもしれないリスクも含めて，子どもを預けていますから。」と言ってくれた。ずっと参加し，今も我々に預けてくれている。

　これらの言葉を忘れるつもりは毛頭ないが，あらためてここに書

いておこうと思う。

トレーナー

　トレーナーの参加の目的もまた回数を重ねていく中で変容していくものである。学校の教員を例にすれば，はじめは動作訓練を学ぶことで自分の指導技術や知識を高める目的で参加してくる。学んだことを現在の，あるいは将来の仕事に活かすことが目的である。「なんとなく誘われて，半ば義務的に」というのが内実の参加者もありそうだが，表向きは研修を目的に参加しているように振る舞う。そこで実際に動作訓練のスーパーバイズや研修を受けながら，その目的を達成していく。

　ところで動作訓練の訓練会ほど理解度や技量の未熟さを，実感させるものはないかもしれない。講義を聞くだけや，見学や集団でのワークなど関与することの少ない研修では，初心者でもなんとかそれらしく振る舞い，自分の技量を見せずに過ごすことができるが，動作訓練の研修会はそれができない。なぜなら聴講するだけ，見学するだけの研修スタイルをほとんどとっていないからである。比較的早くからトレーナーとしてトレーニーを担当することになる。サブトレーナーという役割であっても，見学者ではないわけで，少なくとも訓練の一役を担わされる。ペアでの実技研修も，大人同士の訓練そのものである。そのため研修のために参加したはずなのに，自分の技量のなさに向き合わされる体験をさせられることになる。

　このあたりで参加をやめる人も少なくないが，ここからさらに続ける人は，学ぶことだけが目的なのではなく，担当している自分のトレーニーの役に立てるトレーナーになることが目的となる。自分が学ぶという研修の目的に，担当トレーニーの参加動機や訓練ニーズに応えるという実践の目的が加わり，この二つが一体となっていく。自分のためだけでなく，人のためにもなっていく。これが動作

訓練の訓練会の特徴のひとつである。

　一方，このような研修のやり方は初学者にとってはハードルが高いことも多く，解決すべき課題なのかもしれない。特にスーパーバイザーが十分に指導できなかったり，ミーティングで振りかえりの機会が用意できなかったりするときは，初学者にとっては責任の重さだけが痛感され，安心して参加することが難しくなり，継続を躊躇わすことになりかねない。このように研修システムの整備は常に課題ではあるが，トレーナー役割を担いながら学ぶという研修と実践の一体性は，今後も維持していきたいと考える。その理由は様々あるが，もっとも重視したいのはトレーナーにとっても体験的な学びが欠かせないからである。トレーニーの動作課題を把握し，目標を考え，課題を設けていく。実際に動作課題を使って関わっていく。その成果を手ごたえとして感じる。これら一連の体験があって，動作訓練の研修と考えてきた。動作訓練は座学では身につけにくい。

　さて，トレーナーの訓練会への参加の目的が，各回で担当するトレーニーに実践を提供できることになってくると，それが次第に大きくなっていく。訓練会やキャンプといわれる集団集中訓練に繰り返し参加してくるトレーナーをみていると，研修目的はもちろんあるのだが，一期一会に近いトレーニーとの動作訓練の時間を愉しみに来ているようでもある。学校や職場とは違った環境，構造でじっくりトレーニーと動作訓練に取り組むことが，何ものにも代えがたい時間であると教えてくれる。

　同時に，この頃には先に述べた保護者と同様に，訓練会での役割も多様になってくる。会の運営，集団活動，集団療法の提供，生活面のサポートなど様々なマネジメントの役割が期待され，与えられていく。後輩の育成などの役割も担っていく。周囲からは，ひとりの参加者から主催者側への役割移行がなされることを期待される。これらも心理リハビリテイションの活動そのものであり大いに学んでほしいと考える。

もちろんあくまでその他の参加者同様に，本人の主体的な選択に委ねるべきなのであろう。

スーパーバイザー

トレーナーとして一定のキャリアを重ねてくると，スーパーバイザーの役割が期待される。実践と研修が一体となった動作訓練の会では，スーパーバイザーの役割もその両方を担うことになる。

まず実践では，直接的に，あるいはトレーナーを指導しながら間接的にトレーニーへ動作訓練を行うことになる。研修では，ミーティングでの指導や講義や実技研修を担当することになる。特にスーパーバイザーに期待されるのは，インテークを担当することである。このインテークでは，トレーニーのアセスメントを行うことになる。実態把握から目標と動作課題を設定していく一連のプロセスを適切に進めていけるようになると，まずはスーパーバイザーの役割を，実践面については果たせることになる。

ところでインテークの対象はトレーニーだけでなく，トレーナーにも向けられている。実態把握して得られた情報，目標，課題をトレーナーに伝えるのもスーパーバイザーの役割である。古くから，教育領域において学習の成果がもっとも高いのは，「他者に教授する」ことといわれる（「授業を受ける」，「関連の本を読む」などとの比較）。教える人がいちばん身につくというのである。インテークの内容や訓練時のアドバイスをトレーナーに伝えるためには，自分の知識や技量を言語化することが必要であり，それは同時に自分のそれらを整理する作業が伴う。やってみせることも同じく，自分の技術や援助を整理することになる。ここから得られる学びは大きい。またスーパーバイザーの役割を担うことは，目標設定，課題選択，実践，評価といった過程を俯瞰的に把握することになり，そこから得られる気づきも少なくない。トレーナーに学びを提供しながら，自らも研修していく。

　経験的な表現でしかないが，スーパーバイザーの役割を担うことで，ぐっと伸びる印象を抱いたトレーナーを多くみてきた。中堅トレーナーに初心者の学生指導を担当してもらうと，両者が伸びてくる。もちろんそこでは責任感といった動機も本人の学びを後押ししている。

　このような経験から，多くのトレーナーにはスーパーバイザーの役割まで達してほしいし，その役割を続けてほしいと願う。ただ，本人の参加する目的もはじめは研修や実践にあったわけで，一定の段階で参加を止めるなどの区切りをつける人が多いのも事実である。これもまた本人の主体的な選択なのだろう。

　ただ忘れてはいけないのはスーパーバイザーレベルまで達したということは，それまでに多くのトレーニー，保護者，スーパーバイザーがその人のキャリア形成に関わってきたということであり，初心者のときには周囲に支えてもらったという感覚は誰しもあるはずである。子どもに教わったものは，子どもに還さなければならない。トレーニー，保護者，トレーナー，スーパーバイザーという立場はあるものの，お互いは相互依存的である。他がなければ自分は成り立たない。これは臨床的な態度の基礎と考える。スーパーバイザーこそそのことをもっとも自覚しているはずである。

8-2　訓練会やキャンプの三つの機能

　訓練会やキャンプは，動作訓練の実践・研究・研修の機能を実際に発揮していくフィールドとなってきた。障害児療育や心理臨床などの領域にある他の支援方法や技法では，相談や療育を提供する機関，研修を提供する機関や機会，研究のための機関が独立していることがほとんどであるが，動作訓練はこれらを一体化させてきた。

　訓練会やキャンプには三つの機能が含まれていると考える。ひとつは，訓練や療育であり，トレーニーの動作改善が追及される。二

つは研修であり，トレーナーや保護者の学びである。三つは研究や実験であり，技法の開発・改良や指導仮説の検証がなされる。これら三つはそれぞれを支えている。一つめと二つめについての説明は不要であろう。訓練や療育はトレーニー自身や保護者の参加の主たる動機であり，研修は多くのトレーナーにとってやはり主たる参加の動機である。

　では研究とは何か。ここでいう研究にはいくつかの内容が含まれている。まずは動作訓練の理論的な生成，更新が繰り返されてきた。動作訓練は，催眠研究をその源としているが，理論の更新や成熟は訓練会やキャンプといった実践フィールドで繰り返されてきた。机上ではなく，フィールドであるところは多くの実践的な理論，援助技法と同様に，動作訓練においてもそこで検討がなされてきた。

　もっとも多く重ねられた研究は，技法の開発であろう。それまでの技法や訓練課題に工夫を加え，トレーニーに実践することを通して，その効果をもって有効性を検証してきた。実践しながら新しい技法や課題が改良されてきた。目の前にトレーニーがいて，そこに目的を持った実践があるからこそ，技法の研究が進んでいく。

　さらにはスケジュールや会の運営などの仕方について，試行錯誤するようなことも研究に含まれるだろう。集団としてより大きな研修効果や訓練の成果をもたらす方法が検討されたこともある。これも実践の場で研究することの強みである。アイデアがすぐ実践，検証されるためには，実践場が研究場である必要がある。

　研究しながら実践する，実践しながら研究する

　自身の参加するキャンプなどでも三つの機能がバランスよく働くことを意識している。特に，研究の機能は意図的に組み込んでいかなければ働かない。最近の取り組みでは，大野博之先生が「SART（Self-Active Relaxation Therapy）：主導型リラクセイション療法」と総称されていたアプローチの技法をキャンプ，訓練会で取り入れ

て, その効果を検証する研究に取り組んだ。以下に詳細に紹介する。

SARTの効果研究

　SARTの技法は, 側臥位の姿勢で上体, または腰まわりのひねり動作を, できるだけ少ない援助でトレーニー自身に取り組ませるところに特徴がある。従来の多くの動作課題と比較するならば, トレーナーからの援助は少なめで, トレーニー自身の動かし方に委ねる割合が高い。上体, または腰まわりをひねる動作が中心で, その補助課題として, 脚の曲げ伸ばしや手腕の曲げ伸ばし動作などがある。

　これを主にキャンプの機会を利用して, その効果について実証的に研究を進めた。そこで複数の肢体不自由者にこの課題を適用したところ, いくつかの顕著な成果を得ることができた。その効果のひとつは, 側臥位でのひねり動作の動かせる幅が徐々に拡大していくにしたがって, 肩まわりや股関節まわりのリラクセーションが得られることであった。さらにはその効果があぐら座位やイス座位に影響を与え, その安定に寄与していった。この点についてはトレーナー同士の研修等でも確認作業を加えていった。その結果から考えると, 特に腰回りのひねり動作を行った後に, 股関節周辺のゆるみと動きの活性化が生じ, それが座位でのいわゆる骨盤を起こす動きにつながることが明らかになった。このように新しい技法の成果を検証する機能を持つ場としてキャンプ, 訓練会が機能した。

従来の技法も研究の対象とする

　SARTの効果検証においては, これまでの例えば躯幹のひねりのような課題との対比も検討され, SARTのようなトレーニー主導の動作課題のメリットとデメリットが明らかになった。

　メリットは, トレーニーが自分の身体の実感を獲得しやすいということであった。SARTのようにトレーナーの少ない援助下でひねり動作を行うと, トレーニーはその課題達成に向けて試行錯誤する

ようになる。トレーニーからの内省として「頭を使って身体を動かす感じ」がして,「自分の身体を引き受ける（自分のものになる）体験」といったことがあげられた。これは従来の躯幹のひねりのような課題では，動かす方向性や動かし方がトレーナーから提示されるために，それに応じるという側面が強いのに対し，SARTでは自分でそれを探索する割合が多くなることによってもたらされると考えられた。自分の身体との関係の取り方の変化をもたらすということが分かった。

デメリットは，ねらいとして焦点づけた動作や部位のゆるみが必ずしも生じるわけではないということである。トレーニー自身に動かす部位や動かし方を委ねるということは，どうしてもその人の動きやすい部位や動かし方が優先的に活用されやすく，普段動きにくい部位や動かし方に広げることには難しさが生じていた。

このような検証を通して，側臥位でのひねり動作課題はトレーナーの援助の程度を操作し，指示的に動作を提示するやり方から，おおよその方向性のみを示してトレーニーなりのやり方に委ねるやり方まで，幅を広げ，そのときどきにねらいに合わせて選択するようになった。ある技法の効果検証作業が，従来の技法と関連づけられることで，理解と使い方が広がることにつながった。

研究という研修

これらの一連の検証はキャンプや訓練会に参加しているトレーナーと共同して進められており，彼らは共同研究者になる。彼らにとってはこの研究の体験が研修ともなる。こうした実践を通して，単に技法を身につけるだけでなく，技法を改良していくことや，効果をもって検証していく研究のサイクルをともに体験することになる。動作訓練が重視してきた実践・研修・研究の一体的な機能を体験できる機会である。

連続する研究　ねじり動作の技法開発

　続けて行った研究的な取り組みも紹介しておく。SART でのひね
り動作に発想を得て，側臥位だけでなく，座位や膝立ち，立位の姿
勢においてもさまざまな部位をひねることを試みていった。我々は
「ひねる」ではなく，「ねじる」と呼んだので以下はねじり動作とす
る。

　あぐら座において，猫背で腰が後傾して身体がうまく起こせない
トレーニーにねじり動作を行うと，腰が起きやすくなることが見い
だされた。具体的には，あぐら座位から右前もしくは左前に上体を
ねじり，そこで保つような動作や戻す動きを求めていく。その際，
できるだけ上体は屈にならないようにする。すると骨盤を起こす動
きや首を立てて頭を起こすような動きが引き出されることが分かっ
た。左右両側にねじり動作を行った後には，正面に正対した座位の
姿勢が改善されていることがよく見られるようになった。また低緊
張傾向で頭を保持して上げておくことが難しい未定頸のトレーニー
に対して，腰から上体にかけてねじりを加えて待っていると，頭を
上げて保ちやすいことがわかった。

　その他，膝立ちや立位において，足裏の外側での踏みしめ感が明
確に出ないトレーニーに対して，踏む側の足を少し前に出して上体
も含めてねじる動作と戻す動作を行うことで，踏みしめの感じが掴
みやすいことがわかった。

新しい仮説の生成

　これらの実践的な検討を重ねるなかで，そもそも左右に均等に配
分された重心の位置で正面を向く，いわゆる「まっすぐ真ん中」の
姿勢についての理解の仕方が変化した。変化のひとつは「まっすぐ
真ん中」は，姿勢獲得の練習姿勢としては適していない可能性を考
えるようになったことである。少なくとも「まっすぐ真ん中」がオ
ンリーワンではなく，「まっすぐ真ん中」でなくても姿勢獲得の訓

練はできると考えた。「まっすぐ真ん中」は目標となる姿勢ではあるが, それを獲得する訓練は違う姿勢でよいのではないかという仮説が生成され, その検証作業が始まった。

この仮説を検証するように座位や膝立ちで訓練を進めてみると, 姿勢の獲得や安定がもたらされることが見られた。正面を崩したり, 重心をずらしたりする方が, 身体の動かし方がわかりやすいこともあった。このように,「まっすぐ真ん中でなければならない」という発想から離れてみると, 膝立ちや立位の課題もバリエーションが広がっていった。そして実際に効果にもつながっていった。姿勢の形が重要なのではなく, そこでどのような動作を体験させられるかが重要という結論に至った。

もとは SART の追試として始まった実践研究が思いがけず連続し, 技法の改善や, 動作法の重要概念であるタテや直, 軸といった理論について再検討することにつながった。これが楽しい。

研究の機能を持つ意義

ここまで紹介してきたような, キャンプや訓練会をフィールドとして理論や技法に関する研究をしていく営みが, そのキャンプや訓練会を活性化することを経験してきた。訓練セッション, 研修, ミーティングといった時間に研究テーマという一本の軸が走っていく。参加者みんなで新しいものを作っていく体験は知的好奇心に満ちている。

すでに定まった理論と技法を熟達者から初心者に伝達するだけの研修, それらをトレーニーに提供することの繰り返しは, 心理リハビリテイションの停滞やマンネリをもたらす。研究的な機能こそが, そこから逃れるすべなのだと考える。

> **コラム**
>
> ## 他の職種や技法との交流
>
> ほとんど毎年，関西地区の特別支援学校の自立活動講座に参加させてもらってきた。立場は動作訓練のスーパーバイザー（SV）でもあり，その自立活動講座全体の統括でもある。この講座には，動作訓練の SV だけでなく，感覚統合療法，FBM（ファシリテーション・ボール・メソッド），理学療法，作業療法などをバックボーンに持っている SV が参加し，子どもへの実際の訓練，教員へのライブでの指導，研修，保護者への研修など多彩なメニューを夏休みのはじめに数日間にわたり行う。
>
> 私の楽しみは，他の技法の研修を受けられることであり，その実際を見て体験させてもらえることである。合同ケース会では，子どもについてそれぞれの SV がコメントをしたり，実際の指導場面を開示したりもする。たくさん刺激をいただける。交流という学びの機会を楽しむ雰囲気，お互いを認めあう文化がそこにはある。だから安心して刺激に身を曝せる。
>
> 別の地区である技法との合同研修会を試みた。2 回はやれたが，3 回目はできなかった。なんだか緊張感が漂っていて，一緒に楽しめなかった。お互いが少し守りに入り，なぜだか少し攻撃的になる。懲りずに再チャレンジしたいと思う。

8-3　動作訓練の哲学

実証主義

動作図式をおさらいすると動作＝意図＋努力→身体運動である。動作は，心理的過程を伴った身体運動としてあらわされる。また動作訓練は心理的な過程を対象としているが，同時に物理的な存在と

しての身体を対象としている。つまり動作には実像が必ずあり，観察可能な対象である。トレーニーの意図も努力の仕方も，トレーナーの援助や伝達した課題も，最終的にはトレーニーの動作という事実に行きつく。

ミーティングといわれる振りかえりの時間では，トレーニーの状態やニーズ，設定された目標や課題についても話題となるが，中心はトレーニーがいかに動作したかに集約されていく。しばしば「それで？」と問いを発されていたスーパーバイザーがいたが，それは「実際にトレーニーはその動作が実現しましたか？」という確認であった。常に動作という事実で検討することが求められていた。

目標や課題の妥当性や援助の適切性は，実際にその動作が実現しないのならば，まったくの仮想にすぎない。動作になっていなければ，適切であったとはいえない。

ときに厳しすぎると批判のあったミーティングの時間であったが，決して技量の未熟さや説明の拙さを責める時間ではなく，事実を俎上にのせて検討することを求めた厳しさであった。仮想や推測ではなく，事実でもって検討する。動作訓練はそれができる技法である。冒頭に述べたように，動作が事実そのものであるからである。

動作訓練はいつも実証主義を大事にしてきた。

あくまでもトレーナーの責任

課題となる動作がうまく達成しない，あるいは課題に取り組めないなどセッション自体がうまく成立しないときに，動作訓練ではその原因をトレーナーに帰属させる。

例えばうまく背中を伸ばして保持できないのはトレーナーの援助が適切でないか，課題がそもそもあっていないのが原因であると考える。トレーニーが訓練を嫌がって課題への取り組みがいまひとつなのも，トレーニーのせいではない。トレーナーの働きかけや雰囲気作りが不十分であると考える。トレーニーのやる気や障害ゆえの

困難さなどに帰属させることは厳しく戒められてきた。あくまでトレーナーの側に改善や工夫の責任があると発想する。

この発想は、トレーナーの上達への動機づけを高めることになる。実際に技術的にも改善の余地はおおいに残されていることがほとんどである。またこの発想は、援助の場に身を置く者が持つべき被援助者への最低限のマナーにもなる。トレーニーの側に責任を帰属させた瞬間に、両者の関係は崩れていく。

動作訓練ではライブスーパービジョンを標準としてきた。スーパーバイザーや熟達したトレーナーが、インテークをし、初心者トレーナーや保護者に訓練をやってみせてきた。これにはトレーニーの動作課題を分かりやすく伝えるという目的や、両者の訓練を具体的にサポートするという目的もある。また実際にやってみせるということは、目標や課題が適切であることを立証して説明していることでもある。スーパーバイザーがやってみせてうまくいかない課題は、トレーナーにとってもトレーニーにとっても適切でない。

あくまでトレーナーの責任というと厳しいように聞こえるかもしれないが、そのトレーナーの訓練に責任を持っているのはスーパーバイザーである。だから安心して訓練に取り組んでもらえればいいと思う。

主体者はトレーニー

訓練の責任はトレーナーとスーパーバイザーが持つ。一方では、動作の主体者はトレーニーである。この二つを混同してはいけない。トレーナーが適切な課題を選択して伝え、その課題が実現するよう手足や言葉を駆使して援助する。トレーナーができるのはあくまでおぜん立てであり、ここまでしかできない。実際に動作する主体はトレーニーである。

実施の訓練場面では、トレーナーの援助に思わずトレーニーの動作が引き出されることや、もうひと頑張りをトレーナーが手助けす

ることが少なくない。トレーニーが「自分がやっている」と体験できるよう，援助はできる限り背景に退く。最初は前面に出たとしても，次は退く。必要ならばまた出ていくが，次はまた退く。動作が「できた！」をトレーニーから奪ってはいけない。あくまで主体者はトレーニーである。

9. 動作訓練の進め方の実際　その2

　動作訓練がどのように進められるかについて，実際の訓練機会を紹介しながら解説する。合わせて，動作訓練を行いながらそこで考えていることを紹介する。

9-1　ある福祉施設（X）での動作訓練

概要と経緯

　このXという施設は，種別でいえば生活介護にあたり，特別支援学校の高等部を卒業して利用を始めた方がほとんどである。障害種別は，脳性まひ，レット障害，知的障害，ダウン症，ASD などであり，仕事を中心とした生活ではなく，スタッフのサポートを受けながら日々の生活をそれぞれのペースや興味関心を活かしながら過ごされている。

　数年前にXから利用者への動作訓練を依頼された。ある職員が別の施設での動作訓練の取り組みを知り，それをXでも試してみようという提案だったと聞いた。初回，3名の肢体不自由を主障害に持つ利用者と訓練を行うことになった。保護者とスタッフも複数人同席した。「動作訓練ってどういうものなの？　うちの子たちにやるの？」という見定め機会だったのかもしれない。結果的には，上々の評判だったようで，その後，3か月に一度くらいのペースで，有料での依頼訪問による動作訓練を続けることとなった。

　2回目以降は毎回，8名程度の利用者について，各20 〜 30分の動作訓練を実施する。障害種は問わない。利用者の全員が対象となる。その間は担当のスタッフが陪席し，映像記録とメモを残してい

く。ときには保護者も同席する。訓練の提供を中心としながら，スタッフの日々の関わりのためのスーパーバイズも行う。別日にスタッフ研修として，実技研修を行ったこともある。

ある日の様子　Ｓさん

　ある成人脳性まひ者（Ｓさん）との訓練である。初回に訓練を行った3名のひとりである。そのときは股関節まわりのリラクセーションを行いながら，無理なく座位姿勢が取れると判断し，あぐら座位に導入し，独りで座ることができた。保護者が言うには「生まれて初めての独り座り」だったらしい。

　長く動作訓練をやっていると，ときに経験することがあるが，人が初めて座ったときの変化は劇的である。表情や顔つきががらりと変わり，周囲を見渡すしぐさに誇らしさや驚きが満ちている。大げさではなく世界との関係が変わる瞬間である。Ｓさんは笑顔をみせながら周囲を見わたし，保護者は泣きながら喜んでくれた。このときから数年経った今でもあぐら座位が保持できる。この姿勢に自分ひとりでなることは難しいので，毎日のようにスタッフはＳさんがひとりで座ることを助けている。このとき動作訓練が使われている。スタッフも座ったときにＳさんが見せる何ともいえない誇らしげな表情が見たいのである。

　ある日，Ｓさんと訓練に取り組んでいると，横で記録を取っているスタッフが「右の（股関節が）開きにくいでしょ」と尋ねてくる。確かに左に較べると少しひっかかるような感じがする。続いて肩や腕のリラクセーションに取り組んでいると「ここもやっぱり右なんですよね」とつぶやいている。それを聞きながらこのスタッフが頻繁にＳさんと動作訓練に取り組んでいることを窺い知る。あるいは介助しながら，身体の様子を観察しているに違いない。さらには股関節まわりの緊張と，上体の緊張の入りやすさが連動していることにも気づいているようである。

　Sさんの動作に取り組みながら，このスタッフの質の高い取り組みを感じさせてもらうことができた。それはなによりSさんの身体に触れ，一緒に動作をしていること，ふだんも丁寧に訓練していることが，感触としてわかる。最後の課題としてSさんとあぐら座りに取り組むと，腰を立てる動きに背中や首が連動し，結果的に顔が上がってくる。保持もできている。Sさんへ「いいね」と声かけしつつ，このいいねは担当スタッフの日常の取り組みにも向けたつもりである。

コラム

施設や園での動作訓練

　施設や学校，園といった機関に出向き，動作訓練を行うことは少なくない。単回のこともあるし，複数回のこともある。できればすべての機関で，このXのように動作訓練を高い水準で取り入れてほしいと願っているが，こちらの力不足でなかなかうまくいかない。

　Xは最初に訪問したときから，利用者ひとりひとりの特徴や状態を細かく把握している印象があり，それは声かけなどの接し方の端々にあらわれていた。細かな見取り，各人の課題を扱おうという姿勢，スタッフの関わりを高めようとする雰囲気などがあった。

　その機関やスタッフの持っている文化，大事にしてきた考えやポリシーと，動作訓練が持っているそれらがうまくかみ合うときがある。動作訓練という技法が採用されるというニュアンスではなく，その機関が持っているそれまでの取り組みや文化に，動作訓練が馴染むというニュアンスのほうがしっくりくる。

　それは個人においても同じなのかもしれない。その人のそれまでのやり方や考え方が，動作訓練のそれらと馴染むとき，訓練が取り込まれていく。技法が効果的だからというより，価値観がしっくり

くるというほうに近い気がする。

ある日の様子　Tさん

　進行性の障害を持つTさんとの訓練に取り組んできた。Tさんも，初回に訓練を行ったひとりである。そのときから5年以上が経過しており，半年に一度くらいのペースで，私の訪問に合わせて取り組んできた。

　XではTさんの「今できることを最大限に発揮してもらう」を目標にし，丹念なケアや座位やイス座位，立位にも挑戦してきた。あくまで経験的な印象であるが，この進行性の障害を持っている成人としては，よく動作レベルを維持していると評価してきた。

　この日，身体を見せてもらうと，もともと持っていた側彎が強くなっていた。スタッフによればあぐら座でそこ（側彎の屈部）から折れるように身体が傾くようになったこと，座位を保っていられる時間が短くなったこと，介助時に立位を取らせたときに片側の足が突っ張り，両足に体重をかけることが難しくなったことなどが報告された。ここ数か月，体調不良が続き，通所もできていなかったらしい。強くなった側彎とそれらの報告された状況はかみ合っていた。

　そこで側臥位での側彎に対応したリラクセーション課題を行ったが，顕著にはゆるむ感じが出にくかった。座位姿勢にすると，確かに上体を保つことが難しく，斜め後ろに倒れてしまう。そこで屈になっている側のお尻の下に薄くクッションを入れてみると，なんとか上体全体の保持ができてきた。Tさんの持っているバランスをとる力に感心しながら，お尻下のクッションを加えた座位保持課題をスタッフと共有した。加えて日常生活の車いすでの姿勢，側臥位や仰臥位の姿勢について，少しでも側彎が強くならないような配慮について確認をした。

進行性の障害を持つ方との動作訓練

「何かの動作や姿勢が上手にできることを目標に，課題を設定し，そのやり方を追求していく」は動作訓練の基本的な発想法である。ところが現実には，Ｔさんのような進行性の障害を持つ方，年齢がかなり高くなっている方，何らかの疾患が加わり健康状態が悪化している方，生活やリハビリテイションの環境を持つことが難しい方がいる。こういった方の場合は基本発想とは異なる「動作レベルが下がることを防ぐために，あるいは今できていることを長続きさせることを目標に，課題を設定し，やり方を追求していく」発想法が求められるときがある。

目標が変われば，自ずと課題の設定も変わってくる。課題を設定する際には，どの部位の動きやゆるみが（動きやゆるみができなくなることが）その方にとって影響が大きいかを考慮する。Ｔさんでは側彎の屈側の体側，特に腰あたりのくびれと反りが中心ポイントであり，そこに関連してその下の股関節まわりも重要な部位と見る。施設も家庭も限りのある時間や人といった資源のなかでリハビリや介助を行うわけであるから，その資源をできるだけ中心的なポイントに向けてもらうよう課題を伝えることになる。

訓練の進め方は，中心課題に重点を置きながらも，「今できることを最大限に発揮してもらう」を方針に，これまでできていた姿勢や動きにチャレンジする。今できる最高の援助で，今できる最高の動作をするという時間も持つことに価値を置きたいと考える。

Ｔさんとの初回の訓練機会のときに，我が子が座位姿勢を保って座っている姿をみて，保護者が「まだこんなこともできるんだ」と感想を言ってくれた。それはＴさん自身の体験を，保護者が代理で言葉にしてくれたようにも聞こえた。目標や課題の設定の発想法は異なっても「今ここでできること」を一緒に追求したいという思いは同じである。そんなつもりで彼らとの訓練に臨んでいる。

ある日の様子　Ｕさん

　Ｘでは，３度目の訪問くらいから肢体不自由以外の障害を持つ方も，対象となっていった。知的障害やASDの障害を持つ利用者も，加齢に伴って，さまざまな動作上の問題が生じている。そのことをスタッフが日頃の問題意識として持っていたことと，研修で動作訓練の実体験をしたときに「これは（利用者）みんなにやったほうがよい」とスタッフが感想を持ったことがきっかけであった。

　Ｕさんは40代のダウン症青年である。物静かで，休憩時間はよく本を読んでいる。そのときに顔が紙面にくっつくのではないかというくらいに背中が前方に曲がっていて，視力低下による影響もあるとはいえ，気になる状態であった。また散歩では，集団のペースから遅れ気味であったらしい。

　動作訓練では，首，肩まわりのゆるめを行った後に，座位での直への姿勢づくりに取り組んだ。かたさよりも，身体をタテる動きのやりづらさが顕著であったが，次第にコツをつかみ，腰を立てる動きが上達していった。座位姿勢の改善と合わせて，読書をする時の机の使用などの環境の工夫もされていた。立位では，お尻が引け気味で前方への重心移動が苦手であった。そこで足の裏を広く使うイメージで，少しずつ踏みしめの範囲を広げていった。訓練にも物静かに黙々と取り組むＵさんは，日常でもスタッフと動作訓練に熱心に取り組んでいった。半年くらい経過した頃，散歩のときに先頭を歩いているとスタッフから聞いて，驚いたものである。

　この日，久しぶりのＵさんとの訓練のまえに，スタッフから最近，内臓系の疾患がみつかり，食欲減退，体重低下などが見られること，休みが続いたこと，活動性が低下して生活動作の緩慢や動き出しがスムーズにいかないことが報告された。

　これらを頭に置きながら，Ｕさんと訓練に取り組んだ。肩回りなど上体の動きやすさや座位姿勢の整った感じは以前と変わらなかったが，立位の踏みしめがずいぶんと変わっていた。後ろ重心がガチ

っと固定化された印象で，なかなか前に重心をもって行けない。足の裏の前のほうで踏みしめながら身体全体を受けとめる感じが出にくかった。スタッフからの報告にあった「生活動作の緩慢や動き出しがスムーズにいかない」が，この動作の様子と重なるようであった。体調面は，ここにきて疾患名が明確になったことで治療方針が確立され，服薬治療も開始されて今後の軽快が期待される。動作面はこの日のセッションでも，少しずつではあるが，踏みしめられる範囲が広がっていった。月並みな言い方ではあるが，経過を見守りながら，みんなでお手伝いしていくことになる。動作訓練もそこにいくらかの役割を持つことができる。

9-2　ある訓練会（Y）での動作訓練

　月に１回開催している半日程度の訓練会である。約２時間の訓練時間，終了後のトレーナーミーティングでスケジュールされている。この訓練会は，会員などの仕組みを設けず，トレーニーもトレーナーも参加自由の形式をとっている。

　ボランティアで参加してくれる教職員や学生，保育士などのトレーナーがたくさんいればトレーニーとマンツーマンで組み合わせもするし，トレーナーが少なければ親子訓練が主になることもある。10年以上ほぼ毎回参加している親子もいれば，一度だけ体験に来た親子もいる。もう来ないかと思っていたら，急に相談したいことができて数年ぶりに参加する親子もいる。

　親子にとって，動作訓練やその場である訓練会をどのように必要にしているかが，参加の仕方で見えてくることもある。親子で黙々と動作訓練に取り組む親子活動の場として参加している方もいれば，「我が子に訓練をやってもらいたい」を前面に出してくる保護者もいる。こちらは場を提供し，その利用の仕方は参加者が決めればよいと割り切っている。必要に合わせて，自由に参加したらいいと思っ

ている。

ある日の様子　Vくん

　2回目の参加のVくん，4歳である。知的障害とASDを持っている。身体の使い方，情動の調整，感覚混乱の低減，他者とのやりとり体験など保護者の期待するところは多岐にわたりつつ，まだ定まる段階ではない。それはこちらも同じで，何ができるのか？と目標と課題を検討しつつ，目の前のVくんとの関わり方も模索していく。

　こんなとき，スーパーバイザーとしては，何度も一緒にやってきたトレーナーとペアになってインテークできるのは心強い。トレーナーが抱きかかえたり，遊んだりしている丁寧な導入の関わりを横目でみながらトレーナーの関わりに自分を重ね，Vくんの様子を観察しつつ，保護者との情報交換が進められる。

　交代してトレーナー役をやってみた。仰臥位で，キックのような動きをしながらやりとりが生まれてくる。こちらがVくんの脚を曲げて待っていると，ぐっと伸ばしてくる。もう一回と繰り返すたびに，お互いの意図が伝わる感じが明確になってくる。そこからVくんのお腹付近に手をあてた状態でリラックスするような時間を作ってみると，スーッと落ち着いた表情をしている。「動く」と「止まる」のメリハリも一緒に体験できた。トレーナーからは，歩行時の左右の使い方の違いや重心ののせ方についての気づきがあったらしい。

　目標を整理すると，まずは動作を使って，Vくんの動作として表現された意図を拾う体験をしていくことで，お互いに他者意図への気づきにつなげていけると考えた。それはラリーのようになればいわゆるやりとりになるだろう。また「動く，止まる」「力を入れる，抜く」のように動作上のメリハリがコントロールできるようになっていくと，情動調整の上達に寄与できると期待された。これらをやりながら，訓練関係が安定していけば，歩様や身体の細かな使い方

などの身体上の課題にも取り組めるだろうが，これはまだ先になると予想した。

このように実際に課題をやりながら得た情報をもとにして，保護者に今日の様子と今後の方針として説明していく。トレーナーが持っている感触レベルの情報は，分かりやすい言葉に変換しなければ伝わりにくいことが多い。保護者は横で見ていたので，自分の感じ取っている我が子の様子と，我々の説明をそこで照合するのだろう。お互いの理解が深まっていく。

翌月，保護者は子どもの生活上の悩みについて相談を持ちかけてきた。こちらを，我が子の理解者のひとりとして見てくれたのだと思う。

Ｗさん

おそらくもっとも参加回数の多いトレーニーのひとりであるＷさんは，特別支援学校高等部の卒業あたりからずっと参加している。きっかけは特別支援学校の担任から相談が寄せられたことであった。主訴は，周囲から見ると衝動的で不可思議な行動が頻発しているという内容であった。そこで学校に訪問し，動作訓練による支援を提供したのがはじまりだった。その取り組みを学校から保護者に報告したところ，卒業後も続けたいという要望があがり，この訓練会に参加することになった。

今ではこのときの主訴を知っている，あるいは窺い知ることのできる人はいない。それくらいＷさんは落ち着き，安定している。卒後は，通所する事業所で製品や作品を作り，過ごしている。そんななか月に一度，お父さんと訓練会に通ってくる。ここ最近のテーマは，身体のメンテナンスである。動きにくくなったり，かたくなったりしている部位を丁寧にゆるめることを中心にして，そこをしっかり動かす課題に取り組んでいる。

Ｗさんに〈調子はどう？〉と問いかけると，ときに仕事のことだ

ったり，ときに身体のことだったり，つい先ほど取り組んだ課題の様子などを熱心に話してくれる。そこにお父さんが今日の身体の様子をつぶさに加えてくれる。毎回のことだが，部屋に入るなり，お父さんとすでに訓練を開始しているのである。お父さんの見立ては的確で，微妙な変化や様子を把握されている。まさに我が子のプロである。

　もっとも感心するのは親子の雰囲気である。親子が協力しながら，サボらず，ひとつひとつの課題に，真剣にあたたかく取り組んでいる。訓練会場にWさん親子がいると，場が安心するとともに，参加者のモデルになっている。

　スーパーバイザーとしては，この親子の訓練にまぜてもらうだけである。Wさんと一緒に課題をやりながら今日のポイントを伝え，ときに新しい課題を提案して，ふたりに挑戦してもらう。終わり間際に〈どうでした？〉と聞くと，親子それぞれから感想が返ってくる。お父さんは「難しかった」と答えながら，楽しそうである。ではまた次ですねと続いていく。

　Xちゃん

　ある保育園への巡回相談でお会いしたXちゃんとお母さんは，その後，訓練会へとつながっていった。Xちゃんには全般的な発達の遅れがある。巡回等の相談でお会いした方に訓練会を紹介することがたまにある。紹介する／しないの明確な基準があるわけではないが，地域の療育機関との関係や子どもの状態などから検討している。このときに強く作用するのは，保護者の“お気持ち”である。

　Xちゃん親子と巡回相談でお会いしたとき，お母さんはXちゃんの発達状況や障害を受けとめる段階で苦労されていた。そこから「この子のために何ができるだろうか」と気持ちが動きはじめた頃だったのかもしれない。そこで思わず訓練会のことを紹介した。お母さんの求めているものと訓練会が提供できるものが合うと考えた。

もちろんＸちゃんの発達支援に動作訓練が手伝えるとの判断もあった。Ｘちゃん親子は片道１時間以上かけて，毎月参加するようになった。途中からはお父さんとお姉ちゃんも一緒に，家族全員で来るようになった。

訓練開始前，四つ這いで部屋のなかを移動しては，みんなに声をかけられるＸちゃんは満面の笑顔である。よく動くようになり，周囲への関心も広がった。それを見るお母さんの表情も明るい。変化は変化を生む。

さて訓練は，ここ最近は立位への挑戦である。上体はタテ系姿勢が力まずに保持できるようになってきた。以前は，身体を起こすと反ってしまうことが多かったが，それはうまくコントロールできるようになっている。立位姿勢では，足が突っ張り，膝が反張気味である。上体をのせる突っ張り棒としての足は機能しているが，重心の前後左右への動揺を受けとめるような踏ん張りやバランスをとるところはまだ難しい。膝を少しゆるめながら身体を支えられることが今の目標である。そこができれば，足裏や足首が重心を受けとめることにつながると仮説を立てている。

小学校に入学したのを機に，訓練時間を延長することにした。取り組みたい課題がたくさんあるという方針を伝え，家族のニーズを確認しながら決めていった。

コラム

訓練会の参加者数に思う

参加自由の訓練会である。保護者がそこに好感触や期待を持っていれば，また参加するかもしれないし，そうでなければもう来ないかもしれない。それは保護者が決めること，と達観してみせてもやはり内心は参加してほしいと思っている。全く人が来なかったらと心配することもある。何よりトレーニーが「もう行きたくない」と

なれば，保護者も連れてこないだろう。保護者とトレーニーの参加の有無や人数は，自分たちの動作訓練への評価だと考えている。

　自由な和気あいあいとしたサークル的な訓練会ではあるが，一方では緊張感ももっている。この緊張感は，保護者からの評価を気にしているという意味だけでなく，動作訓練という臨床的な関わりには不可欠なものである。身体に直接触れることの倫理，ケガなどのリスク，人が集まって集団をなすことの規律性やルール，こういったものに応じていくためには一定の緊張感が求められる。このような緊張感は保っておかないと，参加者に対して失礼な関わりになる。このような関わりによって参加者を減らすことがないように心がけている。これは動作訓練への評価以上に気になるところかもしれない。

9-3　訪問相談での動作訓練の活用

　こども園や学校への訪問相談において，動作訓練を用いた子ども理解と対応を園や学校の先生，保護者に提案することがある。こういった場合の動作訓練とは，それが前面に出ることはなく，あくまでこちらが理解や対応方法を考える際の引き出しに使われる。したがって動作訓練という名称を用いることもほとんどなく，あくまでそこで対象となっている子どもを理解するための説明や対応に含まれているだけである。そこでは「動作訓練では○○と考えます」ではなく，「私は○○と考えます」となる。

　園や学校に訪問して，その場で相談活動を行っていくには，多様なアセスメントの視点があったほうが有用である。例えば，アセスメントする対象としては，子ども，先生たち，組織としての学校や園，保護者，周囲の子どもなど多様である。物理的な教室環境やスケジュールや活動内容なども加わる。対象となる子どもに限っても，

行動面，心理面，認知面，学習面もあれば，生活状況や健康状態，持っている人間関係などもあり，現在の状況だけでなく過去の情報も収集する。ここに身体面や運動面，動作面を加えられると，子ども理解が広がる。特に実年齢や発達年齢が幼い場合，動作を対応の窓口としても活用できることが多い。このとき動作訓練を持っていると大いに役立つ。いくつか例を紹介する。

子ども園で会ったYくん

保育園年中のYくんは，多動や注意散漫さがあり，集団活動への参加が苦手といわれている。朝の会では，席に着くまでに時間がかかり，席についても後ろが気になり，急な発言が出たりしている。みんなで立って歌っているときの様子は，フラフラキョロキョロ，歌いはじめの出だしが遅れ，途中から大声で歌っている。確かに多動や注意の転導傾向が強いYくんだが，別の視点では，姿勢の不安定さ，具体的にはちょっとした動きで体幹の保持が崩れ，足元や座面までも動く様子が観察できる。

この姿勢の不安定さを理解の軸においてみると，身体がふらついて，視界に入る世界がしばしば動いているであろうこと，Yくんはちょっと横を向いただけなのに思った以上に身体が動いてしまい，結果的に多動に見えるといった理解の仕方も可能である。この視点も持ちながら観察と聞き取りを続けていくと，イス座で腰が立てにくく円背気味なこと，平均台が渡れないこと，おそらく膝を曲げて力をためられないのでジャンプが難しいことなどがエピソードとして収集された。多様な理解のなかに，身体の使い方の苦手さ，特に姿勢保持と細かなバランスとりが難しいことを加えることにした。

観察後の園のスタッフと保護者との面談では，この動作面についても話題にして，Yくん理解の一部に加えていく。姿勢の不安定さの理解が加わると，子どもの理解の仕方が少し変わる。本人が，意図的に自分の制御下で（いわゆるわざと）キョロキョロしたりフラ

フラしたりしているだけではないことが分かると、保護者やスタッフの見方が少しマイルドな方向に変わる。対応も「ダメでしょ」と注意するだけではなく、どうしたら安定できるか？と支援的発想に移っていく。そこで動作課題のなかから、親子でできそうなこと、園の活動でできそうなことにアレンジし、提案していく。課題としては、立位でのバランス、膝の曲げ伸ばしなどであり、身体遊びのなかでは、足裏でぎゅっと重心を受けとめること、頭からお尻までの上体が動きすぎないことなどを手伝ってもらうように実演も交えてアドバイスした。

　半年後の再訪問、相変わらずよく動き、よくしゃべり、クラスに行けばすぐに見つけることができるYくんであった。しかし相談対象児からは外れていた。先生たちの評価も「まずまずやれてる」になったということらしい。

こども園で会ったZくん

　保育園年長のZくんは、保護者と先生と一緒に臨時相談室となった教室にやってきた。2回目の面談である。軽度の知的な遅れがあり、小学校は地域の支援学級に行く予定らしい。ここ最近は健康面も安定し、園で活発に遊び、自然と他児との関わりも増えていた。順調な日々の生活を、保護者も先生も喜んでいる。今、解決したい困りの案件が特にない場合、相談の焦点は上手になりたいこと、獲得したいことに向けられる。

　Zくんにとって何がもっと上手になりたいだろうかと話し合って出てきたのは、構音と手先の器用さであった。語彙数や語連結が増え、他児との関わりのなかで話したいZくんであるが、音の置き換えに近いくらい（サ行→タ行）の不明瞭さがある。また、もっと手先が器用になれば、着替えなどの生活行為や書字などの学習行為がもっと広がりそうである。

　Zくんに座ってもらい、肩まわりを他動的に動かしてみる。肩を

開く動きのときにひっかかりのような感触がある。上下にはスムーズに動かせるが，開きは動きがほとんど見られない。外見上は軽い猫背と肩の挙上程度だが，動かしてみると首から胸を立てる方向にかたく，動きにくい。わずかではあるが，両腕が内転気味でひじが外に流れている。正対して舌出し模倣を求めると，尖った舌がわずかに出てくる。上唇が引きつった印象もあり，触れてみると口唇まわりがこわばっている。

　そこで首肩まわりの緊張の高さ，動かしにくさと構音，手先の器用さに関連があるかもしれないとの見立てを保護者と先生に説明し，家庭や園で取り組める動作課題を二つ提供する。イス座位で，肩を上，後ろ，下，前の順に四角を描くように動かす課題を対面でやること，動きにくいときは軽く手で方向の援助をする肩まわりの動作がひとつの課題である。もうひとつは顎を引きながら胸を開き，首，胸，肩がストンと真っすぐとなるような姿勢づくりの課題である。腰の反りや上体の傾きを注意しながら行うよう伝えた。まずZくんとやってみせ，次に保護者自身の身体を使って動き方の解説と動作課題の体験を行う。そこから保護者とZくんのペアで実際の動作課題に取り組んでもらい，ポイントをアドバイスする。先生にも同じ手順で伝えていく。入れ代わり立ち代わり3人の大人がZくんと訓練を行うが，Zくんは最後までおつきあいしてくれた。悪くない時間だったらしい。

　これらの課題に取り組んでいくことで，構音や手先の器用さの難しさがすっかり解消するわけではないことを伝えながら，一方で肩まわりの緊張や姿勢の整えは長期的にも重要な課題であることを伝え，今後の取り組みを推奨していく。

ある小学校のクラス

　ある学校から，複数の対象児について，訪問相談の依頼があった。前年度も訪問しており，学校から期待されていることと，こちらが

提供できることがそれなりには共有できている。こういった訪問相談では，いわゆる発達障害とその周辺の児童が対象となりやすい。放課後，先生たちと一緒に，児童について理解と対応について話し合いと情報提供を行う。いわゆるコンサルテーションといわれるものである。

　新年度が始まってひと月で訪問した。この年はイレギュラーなことも多く，ようやく学校が軌道に乗り出したと思われた時期である。午後の一コマ目，ある教室に入ると静かではあるが，姿勢が崩れている児童やぼんやり宙に視線が泳ぐ児童，集中しようと頑張ってはいるが全体的に乗り切れない雰囲気があった。放課後，担任や学年の先生と話し合ってみると，ここにきて学級全体に慢性的な疲れを感じるという。腹痛や頭痛などの体調不良もいつもより多めである。生活リズムの乱れを背景にしている児童もいるだろうという話題になった。

　この日のコンサルテーションでは，個別児童の話し合いは短めにし，クラス全体で取り組めるワークを先生たちに体験してもらった。実技ワークを中心に，呼吸法，漸進性弛緩法とともに，動作訓練を活用した課題を取り入れた。肩の上下の動き課題とイス座位での姿勢づくりである。肩の上下の動きは一人で取り組むバージョンと，ペアワークのバージョンとした。一人で取り組むバージョンでは，「できるだけゆっくり，一定のスピードで，左右そろえて動かすこと」，「上げきったらいったん止めて，ゆっくり下すこと，下すときにスタートの肩の位置よりも少しでも下げるよう努力すること」をモデルとしてやってみせながら言語指示で行った。ペアワークでは，手の触れ方を伝授した後，「トレーニー役の肩の動きに伴走するように，ペースを合わせて動かすこと」「基本的には励ましながら，気づいたことがあったら声かけすること」を行った。イス座位での姿勢づくりでは，各人が思う良い姿勢と悪い姿勢を取ってもらい，その二つの姿勢間をゆっくり行き来してもらった。姿勢間を行き来しな

がら，どこが動いているか，どこが変わっているのか，自分で気づいてもらうよう声かけをした。最後に，自分が思う良い姿勢になってもらい，少し味わう時間を設けた。

この日の訪問では，クラスワイドでの取り組みが有効ではないかと見立て，その課題を先生たちに伝えることになった。アセスメントの視点と具体的な対応の窓口として，動作訓練を活用した一例である。

コラム

身体を窓口にした理解と支援

発達障害とその近縁，周辺にいる子どもや大人の支援は，ここ数年でその必要性がひろく理解されるとともに，理論的にも技術的にも大きく進展してきた。

大きな傾向としては，認知―行動面への支援がまず先行した。ASD児の認知的な特性や，LD児の困難さが明らかになってくるにつれて，まずは彼らが分かる情報を提供すること，情報を整理することなどが技術的に進んできた。特別支援学校の教室に入れば，スケジュールボードや絵カード，さまざまな印のつけられた教室環境を目にすることができる。また学習理論や行動分析を背景にして，彼らの行動獲得や修正が目指されるようになり，例えばトークンエコノミー法の活用やスキルトレーニングなどが，教室でさまざまなレベルで取り組まれている。これらの認知―行動面への支援が，発達障害者への支援の第一選択肢となり，成果を上げてきた。

そこに最近，身体面への支援が注目されるようになってきている。そこには二つの意味があり，ひとつは彼らが身体面に不自由さや生きづらさを抱えているので，そこに支援をしていこうという意味である。もうひとつは身体面への理解と支援が，他の心理面や行動面，認知面，対人面に良い影響をおよぼすという意味である。身体遊びや

感覚運動などのプログラムによってもたらされる波及的な効果が，現場では実感されているのだろう。この分野の書籍や研修会が数多く見られるようになった。

　この身体面を窓口にした支援については，動作訓練もその実践を重ねてきた。理論的にも技術的にも提供できる知見は少なくない。これから展開が期待される分野のひとつである。

9-4　あるトレーニーとのセッション
〜 ASD と知的障害のある小学生〜

　ここから先はふたりのトレーニーとの実際の訓練について，写真を交えて時系列に沿って解説をする。特に，個々の動作課題の選択と実施にあたってのトレーナーのねらいと，そこでの所見や所感に注目してほしい。

みーくんの紹介
　みーくん（仮名）は特別支援学校の小学部低学年に通う男の子。月に1回の月例会に参加しており，初参加からまもなく1年となる。診断名は，知的障害とASD。言語での表出はまだ見られない。じっと見つめてくる表情が可愛らしい。

　みーくん親子は，先に通っているお友達のお母さんから紹介されて参加してきた。先に通っているお友達は，身体の動きのぎこちなさの改善が主たるニーズであるので，保護者はそのような（ことをやってくれる）教室と思って参加してきた。確かにみーくんも独特の身のこなしや，手足の過敏などもあり，運動面の課題も持っている。

　方針としては，場や人への不安に配慮しながら，トレーナーと身体を一緒に動かす関係を構築していくこと，具体的にはトレーナー

が提案する課題動作に気づき，援助を受け入れながら取り組むことである。その先に，協調的な動作や，バランス，安定した姿勢に向かう課題設定が可能になると考えた。現在はまだ「関係づくり」といえる段階である。

　訓練の構造は，親子（他に3組程度）同室で1セッション45分程度である。トレーナーは固定ではなく，ここまでの8セッションで私を含む5名が担当している。

　ここに紹介するセッションは通算9回目で，この日は私が担当した。

セッションスタート

　私とは半年ぶりのセッション。他のトレーナーとの取り組みの様子はおおよそ見ていたので，ここ数回のセッションの様子は事前情報として持っていた。最近の印象は，短い時間（10分程度）ならばトレーナーと課題に取り組める，10分くらいで取り組み続けるのが難しくなるとみていた。だからそのあたりで気分転換的な関わりが必要と見立てていた。動作課題としては，細かな動作やトレーナーとの協調的な動作というよりも，感覚運動的な動作がまず選択されて，その受け入れがよいことを予想した。

　セッションの冒頭，母親から，ここ数日の様子を聞き取りする。年度初めで不安定になることも危惧されたが，思いのほか安定して学校，家庭で過ごしているとのことを聞き取った。この日も特に情緒的に気になることはないとのこと。

　身体遊びをとっかかりに，静的なリラクセーション課題への導入を意図して開始する。接近は不安を高めないようにゆっくり行う〈M1〉。受け入れられやすいと思われる抱っこから上げ下げして遊ぶ〈M2・3〉。寝転がって身体を預けてもらう。身体に触れること，身を任せることの準備ができていることを確認する〈M4〉。

　導入は，お伺いをたてるような感じで進める。「近づいていいです

か」「身体に触れていいですか」「抱っこしていいですか」と動作でお伺いする。それに対して，みーくんは表情と動作で返してくる。このときみーくんは少なくとも嫌じゃないよと返してくれた。寝転がって身体を預けるときには，むしろしがみついてきていたので悪くないスタートだと思い，ここから次の課題に移行してもいいなと感じていた。

接近は不安を高めないようにゆっくり行う。〈M1〉

〈M1〉

受け入れられやすいと思われる抱っこから上げ下げして遊ぶ。〈M2・3〉

〈M2〉

〈M3〉

寝転がって身体を預けて
もらう。身体に触れるこ
と，身を任せることの準備
ができていることを確認
する。〈M4〉

〈M4〉

動作訓練らしい課題に誘う

　脚を大きく曲げて，脚の力を抜く，そこから伸ばすもしくは脚に
きゅっと力を入れてキックするという，動作を繰り返そうと意図し
て，働きかける。感覚的な要素もあって受け入れやすいのではない
かと予想する。最初はこちらが他動的に脚を曲げていく〈M5〉。し
かし身をよじってしまい，繰り返しになれない〈M6〉。

　脚に触れられるまではOKな様子。しかし「こう動かして」と提
示すると，身をよじってしまう。圧迫される感じが嫌だったのかと
も思うが，こちらの意図が伝わらないことのほうが大きいのかもし

れない。意図が分からないのに，動かされる感じが嫌なのかもしれないと推測する。

　膝の上に座ってもらい，肩や胸に手をあて，接触の圧に強弱つけながら，肩回りの緊張がゆるみ，心地よい体験ができることを目指す〈M7〉。数秒，しっとりとした感じが出てくる。先ほど（膝の曲げ伸ばし）のちょっと嫌がった感じが大きくならないように，早めに姿勢と課題を変更する。ある種の気分転換の意味合いもある。

　お母さんにも協力してもらって，もう一度，先ほどの脚の曲げ伸ばしの課題を提案する〈M8〉。直前に緊張がゆるんだことのつながりか，お母さんとの接触が安心感をもたらすからか，曲げることはスッと受け入れ，かつトレーナーの顔をじっと見つめてくる。さらにこちらの顔に触れてくる〈M9〉。伸ばしてはくれないので脚の曲げ伸ばしをするという課題意図とはズレているが，トレーナーへの注意が向いていることで良いあらわれとみなす。動きの意図を伝えるのは難しいなあと思いつつ，接触などの感触的なところではつながれる印象を持つ。

　こちらの提示する動作へ注意を向けること，みーくんからの応答的な動作を引き出したいと考え，腕上げ動作課題に移行する〈M10〉。腕をこちらに動かされることは受け入れてくれたが，自分からの動きは感じられない。課題意図をうまく伝えることができずに，むしろ拘束されている感じをもったらしい〈M11〉。課題姿勢からお母さんのほうに接近していく〈M12〉。姿勢をかえて，もう一度挑戦する〈M13〉。やはりうまく伝えることができずに，この課題は中断する。課題の姿勢になり，身体の部位を預け，他動的に動かされるところまではいけるという印象を持つ。そこから自分で動かすよ，あるいは一緒に動くようについてきてということを伝えたい。

最初はこちらが他動的に
脚を曲げていく。〈M5〉

〈M5〉

しかし身をよじってしま
い，繰り返しになれない。
〈M6〉

〈M6〉

膝の上に座ってもらい，肩
や胸に手をあて，接触の圧
に強弱つけながら，肩回り
の緊張がゆるみ，心地よい
体験ができることを目指
す。〈M7〉

〈M7〉

再度，お母さんにも協力してもらって，もう一度，先ほどの脚の曲げ伸ばしの課題を提案する。〈M8〉

〈M8〉

曲げることはスッと受け入れ，かつトレーナーの顔をじっと見つめてくる。さらにこちらの顔に触れてくる。〈M9〉

〈M9〉

腕上げ動作課題に移行する。〈M10〉

〈M10〉

腕をこちらに動かされることは受け入れてくれたが，自分からの動きは感じられない。課題意図をうまく伝えることができずに，むしろ拘束されている感じをもったらしい。〈M11〉

〈M11〉

課題姿勢からお母さんのほうに接近していく。〈M12〉

〈M12〉

姿勢をかえて，もう一度挑戦する。〈M13〉

〈M13〉

ひと山超えたいけど休憩も交えて

　気分転換に，抱っこに戻す〈M14〉。十分には気分が切り替わらず，お母さんのところにエネルギー補給するように戻ってしまう。いったん，しっかり気分を切り替えようと意図し，会場内を散歩する。お母さんとの距離が近い〈M15〉。がんばって気持ちが疲れた後にはお母さんとの接近が必要なんだよねと思う。再開しようとするが，お母さんと離れることが難しい〈M16〉。身体遊びから，再度，身体をくっつけることに展開する〈M17・18〉。導入で成功したパターンを再活用しようと考える。腕を上げる動作課題に再挑戦する〈M19〉。うまくいかずお母さんのところに戻ってしまう〈M20〉。

　「難しいけど，ここが課題のひと山超えたいところ」と，なんとかこちらの課題意図を伝えて，みーくんの動きを少しでも引き出したいと考える。お母さんと一緒に手を上げる課題に変更する〈M21〉。少し変則的だけど，粘って続けるも，まだ自分から動かしてこない。ここまでがんばったところでひと休息いれる〈M22〉。粘りたいけどしつこくなりすぎないように。ここで嫌な感じが強まったら，後が続けにくくなる。ひと山超えたいところほど，焦らないように心がける。

気分転換に，抱っこに戻す。〈M14〉

〈M14〉

いったん，しっかり気分を
切り替えようと意図し，会
場内を散歩する。お母さん
との距離が近い。〈M15〉

〈M15〉

再開しようとするが，お母
さんと離れることが難し
い。〈M16〉

〈M16〉

身体遊びから，再度，身体
をくっつけることに展開
する。〈M17・18〉

〈M17〉

188

〈M18〉

腕を上げる動作課題に再
挑戦する。〈M19〉

〈M19〉

うまくいかずお母さんの
ところに戻ってしまう。
〈M20〉

〈M20〉

お母さんと一緒に手を
上げる課題に変更する。
〈M21〉

〈M21〉

少し変則的だけど，粘って
続けるも，まだ自分から動
かしてこない。ここまでが
んばったところでひと休
息いれる。〈M22〉

〈M22〉

本日のハイライト

　お母さんとの腕上げ課題で再開する。上げながら手と顔を交互に
見ることがある〈M23〉。あ！ 伝わりだした。みーくんの確かな動き
が感じられる。トレーナーとも姿勢を変えながら再挑戦する。次第
に動き出してくる〈M24〉。こちらの働きかけに合わせて，確かにみ
ーくんの腕が上がってくる。今日のひと山を越えた，少なくとも取
り組めたと評価する。ここで少し休息のために散歩する。今度はト
レーナーとしっかり手をつないでくる。一緒に歩けている〈M25〉。
お！（お母さんではなくて）俺と手をつなぐんだ。もう一度，抱っ

190

こ遊びから課題へ誘う。仰向けでの腕上げ動作課題に取り組んだところで終了する〈M26〉。

お母さんとの腕上げ課題で再開する。上げながら手と顔を交互に見ることがある。〈M23〉

〈M23〉

トレーナーとも姿勢を変えながら再挑戦する。次第に動き出してくる〈M24〉

〈M24〉

ここで少し休息のために
散歩する。今度はトレーナ
ーとしっかり手をつない
でくる。一緒に歩けてい
る。〈M25〉

〈M25〉

仰向けでの腕上げ動作課
題に取り組んだところで
終了する。〈M26〉

〈M26〉

　セッションの終わり方
　「みーくん，もう今日は（十分）頑張ったよ〜と言っていますね」
とお母さんと確認中〈M27〉。しっかり距離をとることで，お互い
に，もう終わったよを伝えているつもり。最後に胸に手をあてて，
すーっと落ち着くポーズをとって終了〈M28〉。蛇足的と思いつつ，
今日の二人の取り組みを確認するような意味合いで少しの時間，小
さな帰りの会のつもり。

「みーくん，もう今日は（十分）頑張ったよ〜と言っていますね」とお母さんと確認中。〈M27〉

〈M27〉

最後に胸に手をあてて，すーっと落ち着くポーズをとって終了。〈M28〉

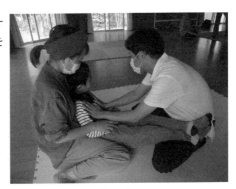

〈M28〉

　較べてみると違いに気づく

　お母さんとの振りかえりでは，セッションの冒頭のおんぶの様子と，後半の様子を比較して，「上手におぶさるようになりましたね」などと話して終了する。この日，撮影した写真で比較する。入室直後〈M29〉。帰る直前〈M30・31〉。トレーナーの動きに応じて，身を預けたり，手を肩にかけたりする感じが上手くなっている。おんぶするほうも楽になった。その日のセッションのなかに変化を見いだせたことをお母さんと話せてよかった。

入室直後。〈M29〉

〈M29〉

帰る直前。〈M30・31〉

〈M30〉

〈M31〉

9-5　あるトレーニーとのセッション
〜脳性まひのある高校生〜

はるさんの紹介

　はるさん（仮名）は特別支援学校の高等部生である。現在は学校併設の寄宿舎で自立を目指した生活をしている。診断名は脳性まひ，タイプは典型的な痙直型である。日常会話は不自由なく，移動は車いす，身の回りのことは部分介助である。最近は，SNSなどに熱心である。小学校低学年から動作訓練を受けるようになり，S市にある二つの月例会にほとんど休まず参加している。まもなく10年である。

　ここで紹介するセッションはその月例会での様子である。訓練の構造は，親子（他に3組程度）同室で1セッション45分程度である。この日は私が担当した。

　方針としては，小学部から中学部あたりまでは座位の安定，安定した座位での例えば着替えなどの手を使う行為の獲得，車いすの移乗を目指した台への乗り移り，そこにつながるつかまり膝立ちなどに取り組んできた。高等部あたりからは，そこまでに獲得して，日々できている動作の維持が中心的な目標に移ってきた。寄宿舎での一週間の生活を終えた週末には，全身的な緊張や疲れ，かたさなどが生じることもあるため，身体のメンテナンスも訓練に求めるニーズのひとつである。

セッションスタート

　まずは今日の状態や取り組みたいことなどを主に本人から聞き取り，母親から追加してもらう〈H1〉。これまで，セッションの冒頭，合間，振りかえりなどの機会に本人に自分の状態を把握して，言語化することを求めてきた。小学部時代は，うまく説明できずに母親に助けを求めるように見ていたが，中学部あたりではなんとか自分

の身体の状態について説明する言葉を探すようになり，最近では「○○が動きにくい」「ここがちょっと痛いときがある」などと説明できることが増えてきた。

　この日は，本人からは肩の周りが動きにくくて，特に左が上がっていると事前に訴えがあり，母親からは股周りがかたくて開きにくいとの報告があった。

まずは今日の状態や取り組みたいことなどを主に本人から聞き取り，母親から追加してもらう。〈H1〉

〈H1〉

　リラクセーション課題を中心に
　股関節まわりはかたくなりやすい部位であり，まずは単位動作的にひとつひとつを他動的に動かしながらゆるめていく〈H2・3・4〉。長い間，それなりの頻度で一緒に訓練してきたので，こちらにも記憶がたくさん残っている。これまでの記憶と照合させながら，その日の調子をみていく。股関節まわりは，はるさんにとっては調子があらわれやすい部位である。かたさはあるが，そんなにきつくないなという感触をもった。その感触は動かした分だけゆるんでいくという所見にもとづいている。きついときのはるさんは，ゆるめよう

とある方向に動かすと，一定のところで反発的・反射的に逆に緊張が入ることがある。この日はそれがほとんどなく，動かした方向にスーッとゆるみが出てきていた。

　左上での側臥位での体幹のひねり（SART）を下半身から取り組む〈H5〉。はるさんにはこの課題が股関節まわりをゆるめるには最適と考えている。こちらの援助は最小限にとどめ，はるさん自身の動きを引き出し，ゆるみを待つ。全身的に縮まろうとする緊張が入るのだけは止めてあげる。

　次に肩回りを中心に上体のひねりの課題につなげていく〈H6・7〉。このあたりはさすがベテラン，うまい。自分で寝返りをうってもらい，左右を入れ替える〈H8〉。できるところは自分でやってもらうことが，自分の身体を把握することにつながる。スムーズに寝返る姿に満足。右上での側臥位でのひねり動作を，下半身から取り組み，上体に移行する〈H9・10・11〉。左右対称的に取り組みながら，先ほどの左上での動きと比較する。特に動かしにくいところがあれば，集中的に取り組もうと考えたが，大きな左右差は感じない。本人からの訴えもない。

　次に，肩を上下に動かす動作に取り組む〈H12・13〉。ここはセッション前に本人から訴えのあった部位。確かに左の肩がいつもより上がっている。本人の訴えと，こちらの見立てをすり合わせることは，単に部位への必要な対応という意味だけでなく，はるさんが自分の身体を学ぶ意味でも重要と考える。もちろんこちらにとっても本人の言語化した感覚と実際の身体，こちらの手ごたえを照合するのは勉強になる。他動的に首側に上げたところから，スッと力を抜くように援助する。最初は手や肘にも緊張が入っていたが，そこを軽く援助しながら，繰り返すと次第に，肩回りが楽になってくる。後の座位での課題でも，肩を見ていこうと思う。たぶん肘や首に付随するような緊張が入るだろうなと予想しておく。

股関節まわりはかたくなりやすい部位であり，まずは単位動作的にひとつひとつを他動的に動かしながらゆるめていく。〈H2・3・4〉

〈H2〉

〈H3〉

〈H4〉

左上での側臥位での体幹
のひねり（SART）を下半
身から取り組む。〈H5〉

〈H5〉

次に肩回りを中心に上体
のひねりの課題につなげ
ていく。〈H6・7〉

〈H6〉

〈H7〉

自分で寝返りをうっても
らい，左右を入れ替える。
〈H8〉

〈H8〉

右上での側臥位でのひね
り動作を，下半身から取
り組み，上体に移行する。
〈H9・10・11〉

〈H9〉

〈H10〉

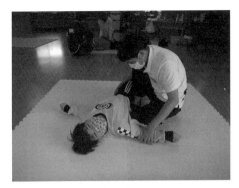

〈H11〉

次に，肩を上下に動かす動作に取り組む。〈H12・13〉

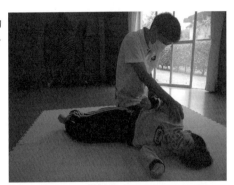

〈H12〉

〈H13〉

身体を起こした姿勢での課題へ

身体を起こし，あぐら座位に姿勢変換し〈H14〉，少しずつ前屈しながら，左右に身体をねじっていく〈H15・16〉。正面に前屈するよりも，あぐらでねじるように動かすと，股関節が開き，腰も起きてくる。はるさんもだが多くの人に共通して見られる現象。

あぐら座位での肩を上下する課題〈H17〉。先ほど側臥位で取り組んだときに，肩回りの緊張が気になっていたので確認する。肩を動かすときに，肘と首に一緒に力が入ってくる。そこを抑制しながら肩のゆるめをする必要があると見立てる。そこで首を単位部位的にゆるめる課題に取り組む〈H18〉。もう一度，肩を少し開きながら肩を上下に動かす課題に取り組む〈H19〉。付随緊張が抑制され，手が下りて首がスッと立てられている。首，肩，手が分離して動かせるようになってきた。

前屈課題で，自分でいきにくい（ゆるみにくい）部位を探しながら徐々に前屈を進めていく〈H20・21〉。まず自分で動いてもらう，その後で必要なところを手伝う手順で進める。ここで，今の，座っている自分を確認してもらう〈H22〉。「いいじゃん」とここまでの訓練のひとつの成果として，すっきり座れることをお互いに確認する。ここで側臥位での課題などに戻ることも選択肢だが，この日はバリエーションをつけようと考え，台座位での課題に変更する。

身体を起こし，あぐら座位
に姿勢変換し，〈H14〉

〈H14〉

少しずつ前屈しながら，左
右に身体をねじっていく。
〈H15・16〉

〈H15〉

〈H16〉

あぐら座位での肩を上下
する課題。〈H17〉

〈H17〉

そこで首を単位部位的に
ゆるめる課題に取り組む。
〈H18〉

〈H18〉

もう一度，肩を少し開きな
がら肩を上下に動かす課
題に取り組む。〈H19〉

〈H19〉

前屈課題で，自分でいきにくい（ゆるみにくい）部位を探しながら徐々に前屈を進めていく。〈H20・21〉

〈H20〉

〈H21〉

ここで，今の，座っている自分を確認してもらう。〈H22〉

〈H22〉

その日のなかで挑戦する

　上手くできたら次の課題に挑戦するというテンポが心地よい。まずは台座位での左右のねじり動作に取り組む〈H23〉。前屈動作〈H24〉。前屈から戻しながら，背と腰を立てるように援助し，顎を引くように座る課題〈H25〉。その姿勢を保ってもらう〈H26〉。このあたりの動作の仕組みはあぐら座位でのそれとほとんど同じ。はるさんはあぐら座位でできたことを，台座位でも取り組めている。腰がスッと起きて，その上に背中が伸びている。顎も引けて，肩回りに引き上げるような緊張もなさそう。あぐら座位と台座位がつながっている。

　次は，サブトレーナーに足の着き方を補助してもらいながら，立ち上がってみる〈H27〉。これも挑戦的な課題でもあるが，はるさん自身も楽しみにしている。先ほど同様，次の課題に挑戦するというテンポにのる。指の巻き込みがあって，足裏がつきにくいことを確認して，再度，サブトレーナーに整えてもらう〈H28〉。もう一度，チャレンジすると，先ほどよりも足裏がしっかりついている〈H29〉。膝を伸ばすことには難しさがあるが，お尻より上（上体）はうまく立てている。足首や足裏といった足のゆるめにはやはり立つことが最適な課題と再確認する。ここまででセッション終了。

まずは台座位での左右の
ねじり動作に取り組む。
〈H23〉

〈H23〉

前屈動作。〈H24〉

〈H24〉

前屈から戻しながら，背と腰を立てるように援助し，顎を引くように座る課題。〈H25〉

〈H25〉

その姿勢を保ってもらう。〈H26〉

〈H26〉

次は，サブトレーナーに足
の着き方を補助してもら
いながら，立ち上がってみ
る。〈H27〉

〈H27〉

指の巻き込みがあって，足
裏がつきにくいことを確
認して，再度，サブトレ
ーナーに整えてもらう。
〈H28〉

〈H28〉

もう一度，チャレンジする
と，先ほどよりも足裏がし
っかりついている。〈H29〉

〈H29〉

セッションの終わり方

　最後にお母さんと今日の取り組みについて確認する〈H30〉。ここでも主役ははるさんである。今日の振りかえりを話してもらう。次のセッションが約2週間後にあることを，お互いに確認して終了する。次があることはお互いにとって心強い。

最後にお母さんと今日の取り組みについて確認する。〈H30〉

〈H30〉

10. 動作訓練のこれからへ

　動作訓練は脳性まひ者の催眠研究を出発点として，その後，心理学をベースとした援助技法として開発されていった。同時に，動作理論が構築され，技法と理論が両輪としてその歩みを進めてきた。1974年に最初の全国規模の研究大会が開かれていることから，2020年時点では約半世紀の歴史を持っていることになる。半世紀にわたって存続してきたという事実は，その理論や技法が一定の評価を得ているという証拠でもあり，関係者の尽力の賜物でもある。

　別の角度からみれば動作訓練が続いてきた背景には，この半世紀の時代や社会を生きる人々が動作訓練を受け入れたということがあるだろう。技法は，その時代の社会や文化と無関係ではいられない。その意味では，今後も，時代的な移り変わりや社会の要請に応じながら，動作訓練はゆるやかに変化していくことになるのだろう。

動作訓練の功績

　まずこの間の動作訓練の功績について考えてみたい。動作訓練が築いてきた功績のひとつは，「障害による困難に“心理”の立場からアプローチをする」を実現化したことであった。動作訓練は「脳性まひをはじめとする肢体不自由者やさまざまな障害者に対して，心理や教育の分野で訓練を行う」を実践してきた。この心理や教育の分野から障害による困難にアプローチするという発想とその実現化が大きな功績である。これはそれまで医療の独占分野であった障害者へのアプローチのすそ野を拡大させた。

　このひとつの結実が，1971年に養護学校に養護・訓練（現在の

自立活動）が設定されたことである。1979年の養護学校の義務制実施に伴い，学校に在籍する児童，生徒の障害は重度化，多様化することになった。そのため障害のない児童・生徒と同じ教育を，障害特性に合わせて行うだけでは十分な教育成果をもたらすことが難しくなり，児童，生徒の持つ障害による困難に対して改善・克服する指導の必要性が高まった。この必要性から養護学校の教育課程のなかに養護・訓練が位置づけられた。

　この養護・訓練を，学校の教育活動として教員が担うという当時の判断を後押ししたのは，動作訓練の存在である。動作訓練をはじめとする心理教育的なアプローチの実績や取り組みが，「学校で，教員が」行うという発想の根拠となったのである。

　その後，この発想は教育だけにとどまらず，保育や施設療育といった福祉分野，さらには家庭での訓練といった日常に浸透していくことになる。医療だけでなく，幅広い分野において，障害による困難さへアプローチを行うこととなった。

　この潮流を作ったひとつが動作訓練であり，功績のひとつといってよいだろう。

動作訓練の罪
　障害による困難さへのアプローチが広い分野で取り組まれ，日常化していくなかで，それは大きな成果をもたらしたことはいうまでもないが，一方では過剰な克服主義や改善主義を生み出してきた。これをあえて動作訓練が生んだ罪とする。

　それは「障害による困難は，不適切な（悪い）ものだから，克服改善すべき対象とみなす」という風潮を作り出したことである。動作訓練の現場や関係者もまた，この風潮を作り出し，かつ許容してきたように思う。この風潮は動作訓練の精錬の過程で生まれて，強くなってきたのだと推測する。

　繰り返しなるが動作訓練の誕生は，脳性まひ者への催眠による実

態解明の基礎研究である。この時点では，脳性まひ者の動作がその対象であった。改善克服すべき対象ではなく，その科学的解明を目指す研究の対象であった。しかしその後，研究成果をもとに技法が作られていく過程で，この風潮が生じたのだろう。

　脳性まひ者の動作の変容を目指したときに，目指すべき動作のモデルが必要となった。そこでひとつの自然な着想として，定型発達（非障害）者の動作がモデルに採用された。定型発達者と障害者の動作を対比していく過程で，「例えば非障害者は，座位を取るために，身体をこんな風に動かしている。だからこれを障害者に教えていくべき」と考えたのではないだろうか。モデルがあれば，当然そこから〈モデル通り，モデルに近い＝正しい〉，〈モデルから逸脱している＝正しくない〉という発想に変じていったのではないだろうか。すなわち障害者の困難な動きを，誤りや正しくないものとみなすことになってしまった。

　その証拠に，私が動作訓練に関わりはじめた1990年代や2000年過ぎまで，「正動作」という用語が使われていたし，訓練場面の声かけで「それじゃダメ」「これは違う」と正誤の価値観を含むような言い方がなされていた。トレーナーの求める課題動作が〈できている・できていない〉の意味で使われていたかもしれないが，実際には間違った動きを正しく治そうという意識がそこにはあった。今ではほとんど聞かなくなったし，私も使っていないが，これは紛れもない事実であった。さほど意識しない声かけのなかにこそ，人々の意識は隠れている。

正誤の発想から一歩進める

　保護者は我が子の障害による困難をなくすために，つまり身体の動きを良くする願いをもって動作訓練に通い，トレーナーはその願いをかなえようと努力した。このような願いは責められるものではないが，はたして当事者である障害者にとってはどのような体験で

あったろうか。正しくない動き，正すべき身体を持っている者として，訓練の場所に連れていかれ，まさに自分自身である身体について悪いところを評価され，定型発達者に近づくように修正を迫られる。そのような体験を推測することができる。

　親子やトレーナーが，動作訓練をすることを否定する意図は全くない。ただそれは悪いものを良くするという発想にもとづいてはならない。人の身体の動きに良いも悪いもなく，ただそれぞれに固有の動作が現実としてあるのみである。それが生活や環境との関係において，使いにくければ（不自由ならば），使い方を変えてみたい，広げてみたいとトレーニーが思う。家族が願う。トレーナーはそこを手伝うにすぎない。このような発想にむけて，動作訓練を一歩進めていきたい。

ひとりひとりの達成を手伝う

　定型発達者の動きを目指す訓練の危うさを，罪として指摘した。この問題は，定型発達者の動きこそが絶対的に正しく，それ以外は正すべきと誤解したときに生じる。定型発達者の動きはひとつのモデルであることは間違いなく，参考にすべきである。重要なのは参考にしつつ，目の前のトレーニーにどのような動作を目標とし，その実現のための課題を設定するかである。

　これを追求するためには，そのトレーニーが日常でどのように動き，環境と関係を結び，生活を営んでいるかのより深い理解が必要になる。トレーニーの身体を彼らの環境や生活から切り離し，物理的な身体のかたさや動きにくさだけを理解し，その解決に向けた課題化をしていくならば，再び危うさを呼び込むことになる。着眼すべきは，彼らが環境とどのように関係を構築し，彼らの活動や目的を達成しようとしているかである。このとき身体の動きや姿勢はどのように達成していくかの手段である。動作訓練は手段に働きかけ，目的達成を助ける。

　手段はひとりひとりに多様である。例えば，視野を前方に保ち，手を伸ばしてモノを操作するという目的にむけて，ひとりひとりはそのできる範囲で手段を選択し，実行しようとする。このときできれば合理的で，巧緻的で，簡単な手段を選択したいと誰しも願う。

　動作訓練は，今その人が持っている手段を広げたり，増やしたりする手伝いをする。より楽なやり方になるかもしれない。心理的な有能感や効力感といった体験ももたらせるかもしれない。こんな着眼点でよいのではないかと考える。

コラム

学校教育と動作訓練　その1

　自立活動とは，個々の障害による学習上又は生活上の困難を改善・克服するために特別に設けられた指導である。特別支援学校や特別支援学級において，時間を設けたり，他の指導と関連付けたりしながら進められている。自立活動の前身は養護・訓練であり，1971 年に創設された。この創設にあたっては，動作訓練が重要な役割を果たしたといわれている。

　それまでも，例えば聾学校（当時の表現）における聴覚口話法や手話の指導や，盲学校における点字や触察の指導などが行われてきた。これらを養護・訓練として時間を設けて指導することは，むしろ自然な流れであった。しかし肢体不自由児への身体の動きの指導を，体育ではなく養護・訓練として行うことには，さまざまな議論が重ねられた。議論の中核は，障害による困難さの改善・克服を目指すことを教育が行うことの是非であった。それは医療が担うべきではないかという見解と対立した。

　結果，それまで主に医療職や関連する専門職（例えば，理学療法士）が担ってきた「障害による困難さの改善・克服」のためのアプローチを，教育の領域においても教員が実践することとなった。し

かもそれは医療職が行っているアプローチをそのまま学校に導入するのではなく，別に教育活動として確立していくというものであった。見方を変えれば，医療とは一線を画すという決断であった。

　現在，自立活動は「障害による学習上又は生活上の困難」に対する指導であり，養護・訓練に較べると，子どもの主体性を重視するなどさらなる転換をみせている。しかしその根幹はやはり教育として障害による困難さにアプローチするところになる。これは我が国の特別支援教育の特徴のひとつといえる。ここに動作訓練が関係した。

動作訓練は難しい

　動作訓練を行う場面は，訓練会や学校や施設での訓練だけではない。家庭で行うことが当初から望まれてきたし，実際に多くの家族が取り組んでいる。家庭で親子が取り組むにはいくつか課題がある。忙しい中での時間の工面や気持ちの切り替えが必要といったこともあるが，もっとも大きな課題は動作訓練が難しいということである。

　動作訓練の歴史を別の角度から見ると，それは理論と技法の高度化である。動作訓練の対象の広がりとともに，それは進んでいった。動作訓練はより高度化することで，さまざまな対象の人々に適応を可能にしていった。

　並行して，動作訓練を学べば学ぶほど個人の力量は上達し，当たり前のこととして，個人としても高度化する。とりわけスーパーバイザーやベテラントレーナーほど，訓練や研修の機会は多く，自ら研究も進めていくため高度化が進む。このとき初心者や保護者との間に，技術や知識上の大きな隔たりが生じてくる。

　一方，動作訓練を含むあらゆる臨床技法においては，技のある領域はおしなべて，初心者は熟達者に学ぶという構図を取る。初心者が熟達者に近づくことが学びであり，そのための環境や仕組みが整

備されている。動作訓練の代表的な研修機会であるキャンプもその構図であり，昔ながらの職人さんの修行とよく似ている。この構図が暗黙の裡に「より高度化した技術ほど価値がある」という考えを生み出す。ベテランが初心者に教えを成すことになる。これは間違いではない。

しかし技術が高いことに価値を置きすぎていないだろうか。もしかすると高い技術を持つことが動作訓練を行う条件になっていないだろうか。これらが動作訓練の実践を阻むことになってはないだろうか。

動作訓練を平易化する

ここ数年，保護者向けの子育て講座やこども園や障害者関連施設のスタッフ研修を担当することがある。そこで動作訓練を利用した子どもへの関わりや利用者支援を講義，実技，公開訓練などの方法で伝えていく。ここで伝える内容は，トレーニーと実施者（保護者やスタッフ）が実施可能な動作課題や進め方ということになる。その内容は，私とトレーニーが実施する動作訓練とは同じではない。おこがましいが，私とトレーニーとが行う訓練は技術的に高度であり，彼らでは真似できない。そこで，その参加者たちが生活の場で日常的に取り組める課題，進め方，援助の技法になるよう難易度ややり方の調整を行う。いちはやく子どもや利用者に援助を届けたいと意図し，「動作訓練が上手になったらやってください」とは言わない。これを動作訓練の平易化と呼んでいる。

近年，障害のある子ども支援において応用行動分析にもとづく指導技術は大きく広がった。専門機関だけでなく，学校や園，企業，家庭で，環境の構造化，行動を強化・弱化する援助法，先行条件の操作など，広くさまざまな技術が取り入れられている。ある家庭では，カレンダーに予定が書き込まれ，ご褒美シールが冷蔵庫に貼られ，おもちゃを片付けるボックスが設えてある。お母さんは「あと

〇分したら，お風呂に入ろう」と声をかけ，子どもの行動を阻害しそうな玩具を見えないところに片付ける。応用行動分析にもとづく支援が日用品となっている。このような取り入れが広まった理由のひとつは，応用行動分析にもとづく理解と支援方法を，日常のなかで活用可能な形に落とし込んできたことにある。平易化の工夫がなされてきたとみている。

　動作訓練はこのような方向性にはあまり向いてこなかった。個々のレベルではさまざまな工夫や取り組みがあったに違いないが，それらに焦点があてられてきていない。「だれでもできる簡単動作訓練」などの書籍や発表を，学会や研究会で見たことがない。

　そろそろこちらの方向への広がりがあってもいいだろう。「家庭や園でも利用できるような平易な動作訓練にも価値がある」という考えのもと，その実践を積み重ねていきたい。

コラム
学校教育と動作訓練　その2

　1971年に養護・訓練がスタートし，学校において養護・訓練を技術的にも内容的にも早急に整える必要が生じた。その流れのなか，動作訓練が養護学校（現：特別支援学校）を中心に多く取り入れられることとなった。

　全国各地の学校や教育委員会において動作訓練の研修が実施され，研修会には多くの参加者が集まった。私が参加し始めた1990年代の前半においても，福岡で開催される研修会には，定員を超える申し込みがあった。それ以前はもっとすごかったと聞く。ところが現在では，このような研修会に参加する教員は少なくなり，研修機能を持つ訓練会やキャンプも減少傾向にある。

　このような傾向は何を意味しているのだろうか。動作訓練が学校教育のなかで用いられなくなったことを意味しているのかもしれな

い。直接的に動作訓練を教育のなかで行っていないという意味では
これは正しいだろう。

　他方，動作訓練そのものは取り入れられていないが，その理論や
援助の考え方はひろく取り入れられたと見ることもできる。そもそ
も児童生徒の身体の動きや動作を，教育の指導対象とみなすことそ
のものが動作訓練の見方である。身体の動きのなかに心の動きを読
み取り，動作を使って働きかけることや，座位などのタテ系姿勢を
目指すこと，緊張を制御して活動しやすい状態を整えようとするこ
とも，その発想や援助方法については動作訓練をベースにしている。
手前味噌な過大評価かもしれないが，動作訓練のエッセンスは広く
取り入れられている。

　とはいえ実際に訓練会や研修会に参加者が少ないのも事実であ
る。学校教育における利用可能性を丁寧に説明することや，教員個
人としての力量形成に寄与することなど，養護・訓練時代に参加者
が殺到していた時代とは，異なる動機や魅力が持てるよう我々も工
夫していかなければならない。

技術的な課題

　動作訓練で難しいのはタテ系動作を扱う課題である。人々が重力
世界で身体を自由に動かせている事実があるので，タテ系動作が存
在していることを立証することは難しくない。しかし技術的には，
援助そのものも難しいが，他者に伝達するのも難しい。試みに，こ
のタテ系動作についていくつか表現してみたい。

・身体の各部位を重力線上に沿わせながら，抗重力となるよう垂
　直方向に入力する動作
・地面を踏みつけて，重力に押しつぶされないように身体を上方
　向に引き上げるような動作

- 姿勢が崩れそうになるのを身体の中心軸にぐっと力を入れることで，姿勢を保つ動作
- 身体を起こす，保つ，バランスを取るといった動作の総称
- 膝や股関節，腰，背中，首といった部位を伸ばすような動作

　どのように理解されるだろうか。動作訓練では，これを動作としてトレーニーに伝え，その実現を援助していく。言語的に表現ができることが援助の絶対条件ではないが，これらは分かりやすい説明とはいえない。
　援助の方法を表現すると以下のようになる。

- トレーニーの身体に，ゆるく上から下に重みをかけるように援助して，それへの反発としてこの動作を感じてもらうよう援助する
- まっすぐの姿勢を援助のもとで作って，その援助を「外す」ことでトレーニーが自分で姿勢を保つような動作を引き出す
- 意図的に重心をずらして「倒れそう」な体勢に持っていくことで踏ん張りを促す
- 座位でできたタテ系動作を膝立ちに持っていき，さらに立位につながるよう課題を構成する。逆に，立位で難しければ，膝立ちや座位に課題姿勢を変更して，タテ系動作のイメージをつなげる
- 援助はトレーニーの動作をつぶさに観察しながら方向や強さを調整する

　タテ系動作の援助はこのような技術として説明される。これもまた分かりやすいとはいいがたい。
　これらの援助技術を高めること，それをトレーナーや保護者に伝えられるよう説明できること，これが動作訓練の持っている技術的

な課題と考える。

タテ系課題の必要性

本書の前半で，動作は「動かす」と「ゆるめる（リラクセーション）」に大別できると述べた。この動かすはタテ系動作とほぼ同義である。我々の実生活の身体の動きで重力に無関係なものはない。

一方，リラクセーションは重力の影響をあまり考慮しないでも可能である。むしろ重力に委ねることで可能となるリラクセーションも少なくない。

タテ系課題の課題化や援助ができないというのは動作訓練にとって片翼を失うことになる。実践が，リラクセーション課題ばかりになり，動かすのは「（トレーニーに）自分でやってください。動かし方は伝えられません」となりかねない。これでは特に低緊張の特徴や重度の障害を持つトレーニーに対応ができなくなる。いずれにせよ援助の対象も内容も狭くなることは間違いない。

タテ系課題が位置づいている動作訓練を確立していきたい。

言語化する難しさ

動作訓練の実践を重ねてそれなりに上達したつもりではいるが，ここにきて一層難しさを感じているのはトレーニーの動作を言語化することである。トレーニーの動作を自分が理解するのならば，イメージや感覚や手ごたえをもって把握することはできる。しかしこれを他者に伝えるために言葉に置き換えようとすると実に苦戦する。

形としての姿勢は図示することもできるし，言葉であらわすこともできる。立位や歩行といった粗大運動や，手を伸ばす，膝を曲げるといった視覚的に観察可能な動きの言語化は難しくない。言語化が難しいのは動作の持つ質感である。心理的な過程でいえば努力感といってもよいだろう。

同じ手を伸ばす動作でも，ぐっと力強く伸ばす，そろそろと探り

ながら伸ばす，最初はふっと伸びたが途中で力感がなくなって伸ばす，などその質はさまざまである。さらには肩が力みながら伸ばす，上体が反りながら伸ばす，手以外には力を入れずに伸ばすといった具合に，手を伸ばす動作を全身的な動作として見ると，その様相はさらにバリエーションが増え複雑化する。言語化の難しさも増す。

　しかしこれを避けていては動作訓練の本質的なところが伝わりにくい。言語化は動作訓練が持ち続けている課題のひとつである。

　動作訓練を伝達する・記述する難しさ

　言語化の難しさは，伝達と記述の難しさである。動作訓練の研修は，実践の場そのものを用いることが多い。訓練会やキャンプには「訓練・療育」「研修」「研究」の三つの機能が同時にあると述べたが，それは動作訓練の研修を実践の場と切り離して提供することが難しいという事情が故でもある。例えば講義で「トレーニーの肩の動きや緊張を読み取って，それに合わせて援助する手の力加減や方向を調整してください」と聞いても，いまひとつピンとこないだろう。実際のトレーニーの動作を自分で感じたり，講師役のスーパーバイザーとトレーニーの実践を観察したり，手を添えてもらったりすることでしか伝わらないものも少なくない。（このような本を書いておいて言うのもなんだが）文字にして伝えることにも限界がある。

　動作訓練を学びたい人に分かりやすい言葉を準備していくことは，動作訓練の今後にとって重要な課題である。研修システムや学びやすさのためにも追及していきたい。

著者紹介

香野　毅（こうの　たけし）

1970 年，佐賀県武雄市生まれ。現在，静岡大学教育学部教授。博士
（心理学）。専門は障害児心理学, 臨床心理学。九州大学教育学部卒業。
同大学院を経て，九州大学発達臨床心理センター主任，2000 年より
静岡大学教育学部講師，同准教授を経て現職。

大学の教育・研究に加え，幼保こども園の巡回相談，様々な学校の相
談や研究助言，研修講師を引き受ける。また障害児者の療育訓練会，
発達障害児の親の会，静岡特別支援教育勉強会などを催す。NPO 法
人しずおか福祉の街づくりの理事など，社会的活動多数。

著書に，『ＫＩＤＳこころの救急箱―気づけば大人も育ってる』（静岡
新聞社，2013），『肢体不自由者を中心とした障害者臨床・療育にお
けるアセスメント』（静岡学術出版，2020），『支援が困難な事例に向
き合う発達臨床』（共編著，ミネルヴァ書房，2018），『基礎から学ぶ
動作法―心理リハビリテイション・ガイドブック』（共著，ナカニシ
ヤ出版，2015），『インクルーシブ教育時代の教員をめざすための特
別支援教育入門』（共著，萌文書林，2015）『公認心理師の基礎と実
践⑬障害者・障害児心理学』（共著，遠見書房，2020）など。

動作訓練の技術とこころ
障害のある人の生活に寄りそう心理リハビリテイション

2022 年 5 月 10 日　第 1 刷

著 者　香野　毅
発行人　山内俊介
発行所　遠見書房

〒 181-0002　東京都三鷹市牟礼 6-24-12
三鷹ナショナルコート 004
株式会社　遠見書房
TEL 0422-26-6711　FAX 050-3488-3894
tomi@tomishobo.com　https://tomishobo.com
遠見書房の書店　https://tomishobo.stores.jp/

印刷・製本　太平印刷社

ISBN978-4-86616-144-0　C3011
©Kono Takeshi　2022
Printed in Japan